김종철 감독의 이스라엘 바로 알기 시리즈 1
이스라엘에 대한 오해

김종철 감독의
이스라엘
바로 알기 시리즈

1

이스라엘에
대한 오해

김종철 지음

Brad Book ✡

들어가는 글

우리는 이스라엘에 대해
너무 많은 것을 오해하고 있다

대부분의 한국 사람은 이스라엘과 유대인에 대해 부정적인 생각을 하는 것 같다. 이스라엘에 대해 부정적으로 생각하는 사람들의 주장은 이러하다.

"이스라엘은 2천 년 전에 로마에 의해 멸망한 이후 오랜 세월 다른 나라를 떠돌면서 돈을 모으고 그 돈으로 팔레스타인 땅으로 돌아와 평화롭게 살던 팔레스타인 사람들을 강제로 내쫓고 힘없는 그들을 괴롭히고 있다."

"이스라엘 민족은 자기들만 알고 국제법도 잘 안 지킨다."

"중동 지역에서 늘 분쟁만 일으키고 국제 사회에 전쟁 공포만 조성하는 도무지 평화를 모르는 나라다."

이런 것 말고도 이스라엘을 싫어하는 이유를 열거하자면 열 손가락이 모자랄 정도다. 국제뉴스에 소개되는 이스라엘과 팔레스타인 간의 충돌과 완전 무장한 이스라엘 군인들이 비무장 상태의 팔레스타인 민간인들을 대하는 장면을 보면 이런 생각을 하지 않을 수 없다.

이스라엘이 주변 아랍 국가인 시리아와 레바논과 가자 지구를 공격할 때마다, 서안 지구의 팔레스타인 아랍인들 간의 충돌과 전쟁이 일어날 때마다 미국과 유럽 등 해외 언론들은 앞다투어 이 소식을 대서특필한다. 이들의 보도 내용을 보면 이스라엘이 주변 아랍 국가를 공격하는 내용만 다루지 이스라엘이 왜 공격할 수밖에 없는지에 대한 분석 기사는 찾아볼 수가 없다. 그런 기사가 있다 해도 아주 간단하고 간략하게 소개할 뿐이다.

해외 언론은 총에 맞아 절규하는 사람들의 모습과 총격과 폭발 그리고 피 흘리며 쓰러져 있는 사람들의 자극적인 화면으로 시청률을 올리고, 인터넷 매체는 자극적인 헤드라인으로 클릭 수만 유도하는 것 같다.

과연 언론 매체들은 공정한 보도를 하는 걸까? 특히 이스라엘에 대한 부정적 관점을 가진 해외 언론이 취재해서 제공하는 뉴스 클립을 한국의 언론은 그대로 받아 전하면서 이스라엘을 비난하는 기사만 쏟아내고 있다. 이런 면에서 우리나라 언론 역시 공정하다고 볼 수 없다. 한국의 언론사 기자 중에 과연 몇 명이나 그 땅에 가보았을까? 이스라엘 군인들과 팔레스타인 사람들을 직접 만나 취재하고 분쟁의 현장을 눈으로 목격한 기자들이 과연 있기나 할까?

이런 식의 편파적인 뉴스를 접하다 보면 누구든지 이스라엘을 비난하지 않을 수 없다. 이런 뉴스를 접하게 되면 일반적으로 약자에게 마음이 가는 것은 인지상정이다. 이는 그리스도인들도 예외는 아니다.

"이스라엘을 위해 기도해야 합니다. 이스라엘을 축복해야 합니다."

주변 사람들에게 이렇게 이야기하면 듣게 되는 말은 늘 당황스럽다.

"당신은 뉴스도 안 봅니까? 그런 뉴스를 보고도 이스라엘을 위해 기도하고 축복해야 한다고 합니까?"

대부분의 사람은 어느 정도는 이스라엘 역사를 안다고 생각한다. 하지만 그들이 알고 있는 역사는 성경 시대의 역사이지 현대사는 아니다. 이스라엘의 현대사를 아는 사람은 별로 없다. 2천 년 만에 유대인들이 어떻게 팔레스타인 땅으로 돌아왔으며 그들이 나라를 건국하는 과정에서 유대인과 섞여 살던 아랍인들과 어떤 협의를 했는지에 대해서는 잘 모른다. 이렇듯 우리는 이스라엘을 너무 모른다. 언론 기자도 학자도 심지어 목사들도 모를 뿐만 아니라 잘못 알고 있거나 오해하고 있다. 그래서 이 책을 쓰게 되었다.

물론 이스라엘의 모든 행위가 옳다는 것은 아니다. 뉴스에 등장하는 피 흘리는 팔레스타인 아랍인들의 모습은 사실이다. 하지만 그 모습이 전부 사실은 아니다. 팔레스타인 아랍인들이 늘 그래왔던 것처럼 피해자 코스프레, 감성팔이 기사도 있다.

그들이 어떻게 미디어를 이용해서 세계 사람들을 속여 왔는지 알리고 싶고, 이스라엘에 대한 오해를 바로잡고 이해를 돕고 싶었다. 그리고 "이스라엘을 사랑하는 자는 형통하리로다"(시 122:6)라는 성경 말씀처럼 이스라엘을 사랑하고 축복하는 데 걸림돌이 제거되기를 바라는 마음으로 이 책을 썼다. 부디 이 책을 통해 잘못 알려진 부분의 본질을 파악하는 계기가 되고 이스라엘에 대한 많은 오해가 풀리기를 진심으로 바란다.

김종철 감독

목차

들어가는 글
우리는 이스라엘에 대해 너무 많은 것을 오해하고 있다　04

01 네 종류의 팔레스타인 사람들　11

02 이스라엘은 정말 팔레스타인을 점령했는가?　33

03 유대인 정착촌은 국제법 위반인가?　47

04 골란고원은 이스라엘 것인가, 시리아 것인가?　71

05 이스라엘이 시리아를 공격하는 이유　91

06 이스라엘은 핵무기를 보유하고 있을까?　105

07 공포의 사이렌이 울릴 때　127

08 이스라엘군은 가자 지구 민간인을 학살했을까?　143

09 70년 전, 그날에 무슨 일이 있었을까?　　　　　　163

10 트럼프가 팔레스타인 난민 구호금을 줄인 이유　　179

11 정말 예루살렘은 이슬람의 성지인가?　　　　　　193

12 예루살렘에 CCTV가 많은 이유　　　　　　　　　215

13 하마스와 파타, 그들은 누구인가?　　　　　　　　229

14 가자 지구에서는 무슨 일이 벌어지는가?　　　　　243

15 가자 지구 민간인들은 왜 그토록 가난할까?　　　　253

참고문헌　　　　　　　　　　　　　　　　　　　　263

01
―

네 종류의
팔레스타인
사람들

이스라엘을 방문하는 사람들이 흔히 겪는 혼란이 있다. 그동안 TV나 각종 매체를 통해 이스라엘과 팔레스타인 간의 갈등에 관한 기사를 접할 때, 팔레스타인 사람들은 이스라엘 군인들을 향해 돌과 화염병을 던지며 대항하는 과격한 사람들이라고 여겼다. 이스라엘 국기와 미국 성조기를 불태우며 분노에 찬 표정으로 카메라를 향해 주먹을 쥐어 보이던 사람들이었다. 간혹 다큐멘터리에서 소개하는 그들은 잔뜩 긴장하거나 절박한 경제적 어려움에 처해 있는 모습이다. 높은 콘크리트 장벽 안에 살면서 이스라엘 쪽으로 나오기 위해 까다롭고 엄격한 검문소에 줄 지어 선 사람들, 허름한 집 앞에 앉아 있는 전쟁고아 같은 팔레스타인 아이들, 남루하기 짝이 없어 보이는 그들의 삶을 보여준다.

대부분의 이스라엘 방문자들은 팔레스타인의 아랍 사람들은 이스라엘에게 일방적으로 억압당하고 공격당하는 피해자라고 생각한다. 하지만 이스라엘을 여행하다 보면 호텔에서 일하는 사람들이나 관광버스를 운전하는 사람들은 거의 아랍 사람들임을 알게 된다.

이들은 이스라엘 경찰을 향해 돌을 던지지도 테러를 자

서안 지구 내의 아랍인들

행하지도 않는다. 심지어 유적지나 관광지에서 흔히 만나는 아랍 학생들은 천진난만하다. 학생들이 입고 있는 옷은 깔끔하고 나름 멋을 부린 태가 난다. 관광객들에게 밝은 표정으로 말을 걸어오기도 하고 자기들끼리 장난을 치기도 한다.

그렇다면 매스컴을 통해 본 아랍 사람들은 누구이며 이스라엘 관광지에서 본 아랍 사람들은 누구일까? 이들 사이에는 어떤 차이가 있는 것일까? 이스라엘에는 이스라엘 유대인들과 똑같은 법적 권리를 갖고 살아가는 이스라엘 시민권자 아랍계 이스라엘 사람들도 많이 살고 있다.

이스라엘 중앙통계국(Central Bureau of Statistics)에 따르면, 2019년 기준으로 이스라엘 시민권을 가진 아랍인은 189만 명으로 추산하고 있다. 이는 이스라엘 전체 인구의 20.95퍼센트에 해당한다.

이들은 예루살렘 인근의 아부고쉬(Abu Gosh), 나사렛(Nazareth), 텔아비브(TelAviv), 하이파(Haifa), 아코(Akko) 등 대도시에서 아랍인 마을을 이루고 있다. 대부분 이스라엘 시민권을 가지고 있기 때문에 이스라엘의 유대인들과 갈등을 일으키지 않고 어울려 일하며 이스라엘 영토 안에서 잘살고 있다. 실제로 이들은 이스라엘 시민권이 있기 때문에 교육이나 취업에 큰 제약이 없다. 현재 이스라엘의 국회인 크네셋(Knesst)에도 아랍계 정당이 있고 아랍계 국회의원도 있다.

우리가 지금까지 봐왔던 뉴스에서 이스라엘군을 향해 돌과 화염병을 던지며 대항하는 아랍인들과는 사뭇 다르다.

이스라엘 사람들을 향해 테러를 하고 이스라엘 군인들과 대치하는 아랍인들은 대부분 동예루살렘에 살고 있는 이스라엘 영주권을 가진 아랍계이거나 서안 지구 또는 웨스트뱅크(west bank)라고 불리는 팔레스타인 자치 지역에 사는 팔레스타인 아랍 사람들이다.

2019년 기준으로 팔레스타인 자치 지역인 가자 지구와 서안 지구에 사는 팔레스타인 사람들은 약 3백 20만 명 정도이다. 이들은 보안 장벽이라는 거대한 콘크리트 담장이나 경계 철조망 안에 거주한다. 그들이 이곳에서 이스라엘 쪽으로 나오려면 체크 포인트라고 불리는 곳에서 이스라엘군의 검문을 받아야 한다. 아예 밖으로 나올 수 없는 사람들도 많이 있다. 그러면 같은 아랍인이면서 왜 이런 신분 차이가 생겼고 살고 있는 지역이 다른 것일까?

1914년에 시작된 제1차 세계 대전 당시 영국이 프랑스, 러시아와 연합하여 독일과 오스트리아에 맞서 싸울 때 팔레스타인 지역까지 전장이 확장되었다. 팔레스타인과 아라비아반도의 사막 지역에서 고전을 면치 못한 영국은 사막 지형과 특수성을 잘 아는 아랍 사람들에게 도움을 요청하지 않을 수 없었다.

　특히 팔레스타인 지역에서 유목 생활을 하는 베두인족(Beduin)에게 영국 편이 되어 전투에 참여하면 전쟁이 끝난 후 팔레스타인 국가를 건설을 지지한다고 약속을 한다. 그리고 1915년 10월, 이 내용을 명문화한 '맥마흔 선언

이스라엘 군인들과 충돌한 아랍인

(McMahon Declaratio)'을 발표한다. 맥마흔 선언은 이집트 주재 영국 고등 판무관 맥마흔(McMahon, A. H.)이 오스만 제국 치하의 아랍인에게 독립을 약속한 선언으로 전후에 이 선언이 실행되지 않아서 팔레스타인을 둘러싼 혼란을 가져왔고 이스라엘과 팔레스타인 분쟁의 시초가 되었다.

주로 사막과 광야에서 생활하던 베두인족을 중심으로 팔레스타인 아랍인들은 이 약속을 믿고 영국 편에 서서 전투에 참여해 목숨을 잃거나 부상을 당했다. 전쟁은 쉽게 끝나지 않았고, 자금과 무기가 떨어진 영국은 2년 후 1917년 11월에 영국에 사는 유대인들에게 전쟁 자금과 무기를 지원해 달라고 요청하기에 이른다. 유대인들이 도와주면 팔레스타인 땅에 유대인 국가를 건설할 수 있도록 해주겠다는 '밸푸어 선언(Balfour Declaration), 즉 유대인을 위한 민족국가 수립을 지지한다고 선언한 것이다. 한마디로 영국은 팔레스타인이라는 하나의 영토를 두고 아랍인과 유대인 양쪽에 이중 약속을 한 것이다.

1918년 제1차 세계 대전이 끝난 후 1923년부터 1948년까지 팔레스타인에 대한 승전국 영국의 위임 통치가 시작되었다. 제1차 세계 대전 당시 영국의 밸푸어 선언 이후, 19

> Foreign Office,
> November 2nd, 1917.
>
> Dear Lord Rothschild,
>
> I have much pleasure in conveying to you, on behalf of His Majesty's Government, the following declaration of sympathy with Jewish Zionist aspirations which has been submitted to, and approved by, the Cabinet
>
> "His Majesty's Government view with favour the establishment in Palestine of a national home for the Jewish people, and will use their best endeavours to facilitate the achievement of this object, it being clearly understood that nothing shall be done which may prejudice the civil and religious rights of existing non-Jewish communities in Palestine, or the rights and political status enjoyed by Jews in any other country"
>
> I should be grateful if you would bring this declaration to the knowledge of the Zionist Federation.

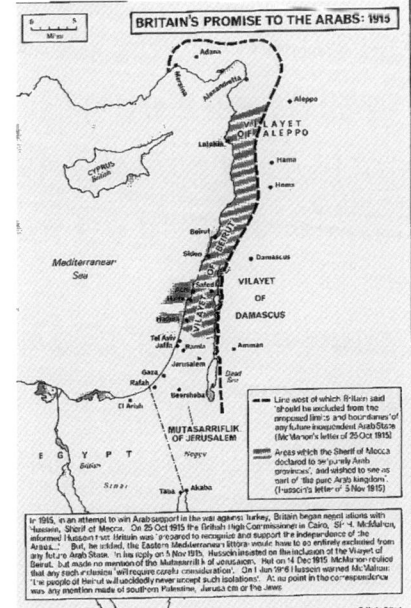

* 밸푸어 선언문
* 맥마흔 선언 당시 약속했던 팔레스타인 국가 영토

01. 네 종류의 팔레스타인 사람들

세기 말 프랑스에서 발생한 알프레드 드레퓌스 사건(Alfred Dreyfus, 1894년 프랑스에서 정치적으로 큰 물의를 빚은 사건이다. 군법정이 유대인 사관 드레퓌스에게 독일의 간첩 혐의를 씌워 종신형을 선고하자, 소설가 에밀 졸라를 비롯한 인권 옹호파가 그 부정을 폭로한 사건이다.) 등을 목격한 유럽에서 살던 유대인들은 안전에 위기감을 느끼게 되었고 그로 인해 팔레스타인 땅으로 돌아가자는 시오니즘 운동(Zionism Movement)이 일어난다.

특히 아돌프 히틀러가 독일을 장악한 1930년대는 유럽에 살던 많은 유대인이 팔레스타인 땅으로 돌아갔다. 이때 유대인들은 유럽에서 축적한 많은 재산을 가지고 돌아와서 당시 팔레스타인 아랍인의 땅을 사들였다.

팔레스타인에 살고 있던 아랍인 중에는 유럽에서 돌아온 유대인들과 함께 살고자 하는 이들도 있었지만, 많은 아랍인은 유대인들에게 비싼 값에 땅을 팔고 다른 나라로 이주했다.

이렇게 유럽에 살던 유대인들의 팔레스타인으로의 이주 열풍이 불었다. 당시 팔레스타인 지역을 통치하던 영국도 처음에는 유대인의 이주를 묵인하다가 현지 아랍인의 불만과 유대인과의 갈등이 점차 커지자 그들의 이주를 제한하려고 했다. 이 시도는 유대인과 아랍인 양측으로부터 불만을 샀고, 팔레스타인 주둔 영국군에 대한 유대인의 테러가 발생하는 상황까지 이르게 된다.

제1차 세계 대전 이후 자국의 재건 문제만으로도 머리가 복잡했던 영국은 이 문제를 국제연맹(지금의 국제연합)에 상정했다. 결국 제2차 세계 대전 종료 후인 1947년 11월 29일에 팔레스타인 문제 해결을 위해 국제연합(UN)은 회원국들과 오랜 논의 끝에 투표를 통해 팔레스타인을 유대인 지역과 팔레스타인 지역으로 나뉘어 관리하는 분할안을 발표하였다.

당시 국제연합의 팔레스타인 분할안은 서쪽의 텔아비브 지역을 중심으로 위아래와 갈릴리 호수 서쪽 지역과 사람

1947년 UN에서 팔레스타인 분할안 결정을 투표하는 모습

이 살 수 없는 네게브 사막을 이스라엘 영토로 할당하였다. 이때만 해도 예루살렘과 갈릴리 호수의 동쪽에 있는 골란 고원은 이스라엘의 영토에 포함되지 않았다.

그리고 아랍인은 사해와 요단강을 기준으로 서쪽 지역을 분배받았고, 이 땅의 관리는 요르단에 맡겨졌으며 서남쪽의 가자를 포함한 주변 지역은 이집트의 관리로 넘겨졌다.

그런데 여기에서 문제가 발생했다. 국제연합이 팔레스타인 지역이라고 지정한 곳에 팔레스타인 아랍인이 사는 것은 당연했지만, 유대인 지역으로 지정한 곳에도 아랍 사람들이 살고 있었기 때문이다.

자신의 가족과 조상들이 오랫동안 살아왔던 지역이 갑자기 유대인 지역으로 결정되었다는 소식을 들은 아랍인들은 국제연합의 분할안 결정에 강력히 반발했다. 그러나 이미 모든 것이 결정되었고 이 결정이 뒤집어질 일은 절대 없었다. 심지어 유대인들이 본격적으로 자기 마을에 들어와 살게 되고 유대인 국가가 건설되면 자기들의 신분이 위험해질 수 있다고 생각한 아랍인들은 정든 고향을 등지고 떠나기도 했다.

UN에 의한 팔레스타인 분할안 지도

1947년 당시 유대인 지역에 살고 있던 아랍인 중에 레바논으로 10만 명, 이라크로 4천 명, 요르단으로 7만 명, 이집트로 7천 명 정도가 떠났다. 이때 이스라엘 정치 지도자들은 고향을 떠나는 아랍인들에게 팔레스타인 땅에 남아서 이스라엘 시민이 될 것을 촉구했다. 실제로 팔레스타인 유대인회(Jewry Assembly of Palestine Jewry)는 1947년 10월 2일 이런 호소문을 발표하였다.

> "우리는 평화를 유지하고 유대인과 아랍인 모두에게 이익이 되는 협력 관계를 구축하는 데 우리의 힘으로 할 수 있는 모든 것을 다할 것입니다. 예루살렘에서 유대 국가와 힘을 합치고 우리의 공동의 선을 위해 어깨를 나란히 하고 주권자의 평등과 진보를 위해 아랍 국가들에 외교적 노력을 기울여야 합니다."

한마디로 팔레스타인 땅에서 유대인과 아랍인이 함께 잘살자는 것이다. 팔레스타인 아랍인들이 새로운 국가에서 평등한 이스라엘의 시민이 되도록 촉구하는 내용과 약속은 1948년 5월 14일 이스라엘의 건국 선언문에도 반영되었다.

"무자비한 침략 속에서도 우리는 이스라엘 국가의 아랍 주민들에게 평화의 방법을 보존하고 국가 발전에 기여할 것을 호소합니다. 우리는 모든 이웃 국가와 국민에게 평화의 이웃으로 손을 내밀고 모든 사람의 공동의 선을 위해 독립 유대 민족과 협력할 것을 촉구합니다."

그리고 영국의 위임 통치가 끝나는 1948년 5월 14일에 드디어 유대인들이 재빠르게 이스라엘의 독립을 선언하며 새로운 국가의 탄생을 알리게 된다. 그러자 주변 아랍 국가들은 강력히 반발했다. 이스라엘이 독립을 선언한 밤에 요르단, 시리아, 레바논, 이라크로 구성된 아랍 연합군이 신생국가 이스라엘과 전쟁을 선포하고 개시하기에 이른다. 이 전쟁을 제1차 중동 전쟁 또는 이스라엘 독립 전쟁이라고 부른다.

이때 많은 아랍인이 주변 중동 국가로 피난을 떠났고, 그들의 피난 배경에는 이스라엘을 공격한 아랍 국가들의 권유가 크게 작용하였다.

"이스라엘이 독립을 선언했지만, 아랍 국가들은 절대로 묵인하지 않을 것입니다. 이 전쟁은 금방 끝날 것이고 주변 아랍 국가로 피난 간 난민들은 전쟁이 끝남과 동시에 고향 땅으로 돌아갈 수 있습니다."

중동 국가들의 말만 믿은 팔레스타인 아랍인들은 며칠만 피해 있으면 다시 집으로 돌아갈 수 있다고 믿었다. 그래서 짐도 챙기지 않고 대문을 굳게 잠근 열쇠만 들고 나온 사람들이 허다하였다.

팔레스타인 주변 아랍 국가 요르단이나 이집트, 레바논, 시리아, 이라크 등지로 피난을 떠난 팔레스타인 아랍인들은 대략 47만 2천 명 정도로 추측한다. 그들은 요르단과 이집트, 레바논 등지에 임시로 마련된 장소에 천막을 치고 난민촌을 이루어 살았다. 그들의 삶은 비참했다. 생활용수가

집 열쇠만 들고 나왔다는 것을 상징하는 팔레스타인 난민촌 입구

절대적으로 부족했을 뿐만 아니라, 비가 오면 사방이 진흙탕이 되었고 온갖 전염병이 돌았다. 그들이 이런 불편함을 감수하면서까지 난민촌에 머문 것은 아랍 국가들의 말을 믿었기 때문이다. 이 전쟁은 곧 끝나고 유대인들이 모두 죽거나 쫓겨나면 고향으로 돌아갈 수 있다고 믿었다.

그러나 일주일이면 끝날 거라던 전쟁은 7개월 이상 이어졌을 뿐만 아니라, 이 전쟁에서 승자는 아랍 국가가 아닌 이스라엘이었다. 이 독립 전쟁을 통해서 이스라엘은 1947년에 국제연합에서 지정해 준 것보다 더 많은 영토를 확장 점령하게 되었다. 이스리엘의 북쪽 지방과 남쪽의 네게브 사막 그리고 동예루살렘을 제외한 서예루살렘이 이스라엘의 영토로 포함되었다. 이스라엘은 모든 국경에 철조망을 설치하고 지뢰를 묻었다. 주변 아랍 국가로 피난을 떠났던 난민들이 고향 땅으로 돌아갈 길은 영영 사라지고 말았다.

이 전쟁으로 면적이 줄어든 동예루살렘을 포함한 팔레스타인의 영토가 현재 웨스트뱅크(West Bank), 즉 서안 지구가 되었다. 이 지역을 웨스트뱅크라고 부르는 것은 요단강 서쪽에 있기 때문이다.

1948년에 탄생한 이스라엘 정부는 서안 지구가 아닌 이스라엘 지역에 사는 아랍인들에게 약속한 대로 이스라엘

1차 중동 전쟁 당시 이스라엘 국기를 꽂는 이스라엘 군인들

1차 중동 전쟁 이후 확장된 이스라엘 영토

시민권과 법적 권리를 부여했다. 이스라엘 시민권을 부여받은 아랍인들이 바로 예루살렘 일부 지역, 텔아비브, 티베리아스, 아코, 하이파, 나사렛 등 이스라엘 전역에 사는 아랍계 이스라엘 사람들이다. 팔레스타인 지역에 사는 아랍인들에게는 이스라엘 시민권을 부여하지 않았다. 그리고 동예루살렘에 사는 아랍인들에게는 영주권만을 부여했다.

1949년 1월 25일, 이스라엘에서는 국가를 이끌어갈 국회의원을 선출하는 선거가 치러졌다. 이때 이스라엘 시민권을 받은 아랍계 이스라엘 사람들도 국회의원에 당선되었고 이스라엘 정계에 진출했다. 1949년 2월 16일에 드디어 첫 국회가 소집되었고 이때부터 이스라엘 국회에는 유대인뿐만 아니라 아랍계 국회의원도 자리를 함께했다.

정리하면, 팔레스타인인은 이스라엘 시민권을 부여받고 유대인처럼 모든 권리를 누리며 살아가는 아랍인, 이스라엘 영주권과 요르단 시민권을 소유한 동예루살렘의 아랍인, 애당초 서안 지구에 살던 아랍인, 그리고 주변 아랍 국가들로 피난을 떠나서 돌아오지 못하고 있는 팔레스타인 난민, 이렇게 네 종류로 나뉘게 된다.

서안 지구에 사는 아랍인들과 주변 아랍 국가의 난민촌

에 사는 아랍인들은 이스라엘 영토 안에서 이스라엘 시민권을 갖고 살아가는 아랍인들에게 배신감을 가지고 있다. 어쩌면 당연한 감정일 것이다. 이 서안 지구의 아랍인들과 동예루살렘에서 이스라엘 영주권과 요르단 시민권을 가진 아랍인들이 이스라엘군을 향해 돌과 화염병을 던지는 등 테러를 일삼고 있다.

우리가 뉴스에서 접하는 이스라엘 군인들과 충돌하는 아랍인들과 이스라엘을 여행할 때 쉽게 만날 수 있는 아랍인들과는 이스라엘 시민권 여부의 차이가 있다.

02

이스라엘은 정말 팔레스타인을 점령했는가?

　이스라엘을 비난하는 사람들의 주장을 몇 가지로 나누어 볼 수 있다.

　첫째, A.D. 70년 로마에 의해 패망한 민족이 2천 년 만에 팔레스타인으로 돌아와 자기 땅이라고 주장하는 떼강도 같은 짓을 한다. 둘째, 유대인의 논리대로라면 만주 땅도 대한민국의 영토라고 주장해야 하는 것 아닌가. 셋째, 돈과 무기를 앞세워 힘없는 팔레스타인 아랍인들을 강제로 내쫓고 주인 행세를 한다. 넷째, 유대 민족이 2천 년이라는 세월

이 지났음에도 불구하고 잃어버린 옛 땅에 대한 약속을 잊지 않고 다시 돌아오려는 노력과 그 노력의 열매가 맺어진 것에 대해서 대단한 민족임을 인정하지 않을 수 없다. 그래도 이스라엘은 팔레스타인 아랍인들의 땅을 강제로 빼앗았다.

이런 주장은 팔레스타인 아랍인들이 지금까지 끊임없이 주장하는 내용과 거의 일치한다. 정말 그럴까? 그렇다면 용어부터 정리할 필요가 있다.

B.C. 1300년경만 해도 현재 이스라엘 또는 팔레스타인이라고 불리는 이 땅의 이름은 가나안이었고, 가나안 사람들이 살고 있었다. 창세기 12장 1절을 보면 하나님은 갈대아 우르에 살고 있던 아브람에게 말씀하신다.

> "여호와께서 아브람에게 이르시되 너는 너의 고향과 친척과 아버지의 집을 떠나 내가 네게 보여 줄 땅으로 가라"

이 명령을 들은 아브람은 오랜 여정을 거쳐 마침내 지금의 이스라엘이라 불리는 가나안에 도착했다. 12장 5절에 다음과 같이 기록되어 있다.

> "아브람이 그의 아내 사래와 조카 롯과 하란에서 모은 모든 소유와 얻은 사람들을 이끌고 가나안 땅으로 가려고 떠나서 마침내 가나안 땅에 들어갔더라"

7절에서는 "여호와께서 아브람에게 나타나 이르시되 내가 이 땅을 네 자손에게 주리라"라고 가나안 땅을 아브람과 그의 후손들의 소유로 인정하신다.

그 후 이스라엘은 하나님의 약속대로 이 땅을 소유로 받았으며 B.C. 1006년 다윗왕이 예루살렘을 이스라엘의 수도로 세운다. 하지만 B.C. 586년에 바빌론의 느부삿네살왕이 예루살렘을 점령하고 유대인들을 포로로 끌고 갔다. B.C. 538년에는 페르시아가 예루살렘을 점령하면서 땅의 주인이 또 바뀌게 된다. 그리고 페르시아의 고레스(Cyrus)가 유대인들을 다시 예루살렘 땅으로 돌아가게 하고 성전을 재건하도록 허락한다. 그 후에도 유대인들은 그 땅을 침략한 그리스와 로마의 지배를 받게 되고 A.D. 70년에는 로마에 의해 성전이 파괴되면서 유대인들은 또 한 번 전 세계로 흩어져 디아스포라의 삶을 살게 된다.

A.D. 70~324년까지는 동로마 제국인 비잔틴이 이 땅을 다스렸다. 비잔틴이 이스라엘을 다스리던 A.D. 135년 하드

리아누스 황제가 유대 지역의 이름을 팔레스타인(Palestine)으로 바꾼다는 칙령을 발포한다. 이는 약 600년 전에 사라진 블레셋(Philistine) 민족의 이름을 딴 것이다. 이때부터 이 지역이 팔레스타인으로 불리게 되었다. 그러므로 현재 자신을 팔레스타인 사람이라고 부르는 아랍인들과는 아무 상관이 없는 것이다.

오스만 제국이 다스리던 1800년대의 이 땅은 《성경》에 예언된 대로 불모지 그 자체였다. 당시 유대 땅을 방문한 19세기 미국의 소설가 마크 트웨인(Mark Twain, 《톰 소여의 모험》과 《허클베리 핀의 모험》의 저자)은 철 따라 그 땅을 가로질러 다니며 사는 베두인족들, 여기저기 작은 마을이 흩어져 있는 것을 빼고는 성지에는 사람이 없었다고 증언한다.

또한 현대 여행 안내서의 원조라고 할 수 있는 독일 출신의 카를 베데커(Karl Baedeker)가 1876년에 발행한 《팔레스타인-시리아 여행 가이드》를 보면, 오스만 제국이 이 땅을 다스릴 때도 예루살렘, 헤브론, 사페드, 티베리아스 4대 주요 도시에는 유대인들이 살고 있었고, 예루살렘의 이슬람교도 인구는 최소치라고 기록하고 있다.

베데커는 당시 예루살렘의 총인구를 6만 명으로 추산하며, 그중 유대인이 4만 명, 그리스도인이 1만 3천 명, 이슬람교도는 겨우 7천 명이 살고 있었다고 기록한다.

그리고 1948년 이스라엘 국가가 재탄생하기까지 영국이 위임 통치했다. 팔레스타인 아랍인들의 주장과 다르게 팔레스타인이 아랍 국가로 존재한 적은 단 한 번도 없었고 팔레스타인 민족도 존재한 적이 없었다.

1920년에 아랍인들은 이 땅의 이름을 '팔레스타인'으로 명명하는 것에 대해 동의하지 않았을 뿐만 아니라, 팔레스타인이라는 이름으로 지정한 지도와 문서들을 가져오자 아랍인들은 격노하며 반대 시위를 했다. 아랍인들은 팔레스타인이라는 이름은 기독교의 십자군 세계에서 온 것이리고 여겼고, 이 땅을 팔레스타인이라고 부르는 것은 시온주의

1800년 당시 예루살렘의 모습

자들의 승리라고 생각했다.

 20세기에 유럽에서 유대인들이 이주해 들어오면서 그 숫자가 늘어나자 결국 팔레스타인의 영토를 영국 위임통치령 팔레스타인이라고 지정했고 유대인들은 그 이름을 받아들였다. 당시 많은 유대 기관도 팔레스타인이라는 이름을 사용했는데 지금도 이스라엘에서 발행되는 유력 일간지 〈예루살렘 포스트〉의 이름이 1950년까지 〈팔레스타인 포스트〉였다는 것이 이를 증명한다.

 하지만 아랍인들은 여전히 팔레스타인이라는 이름을 거부한다. 1937년 팔레스타인 아랍 지도자 아누이 베이 압둘

이스라엘 건국 소식을 알리는 신문도 팔레스타인 포스트였다

하디는 영국의 필 위원회(Peel Commission)에 "팔레스타인이라는 나라는 없다! '팔레스타인'은 시온주의자들이 만들어 낸 용어다. 《성경》에는 팔레스타인이 없다. 우리나라는 수세기 동안 시리아에 속해 있었다"라고 주장했다.

그럼 도대체 현재 자신들을 팔레스타인 민족이라고 자처하며 권리를 주장하면서 이스라엘과 충돌하는 팔레스타인 사람들은 누구일까? 팔레스타인은 테러리즘의 아버지로 불리는 야세르 아라파트(Yasser Arafat)에 의해 만들어진 민족이다. 팔레스타인 해방기구(Palestine Liberation Organization, PLO)의 의장이자, 팔레스타인 자치정부의 초대 수장인 이집트 출신의 야세르 아라파트는 1964년에 예루살렘 성지가 오직 이슬람에 속한 것이며 유대인들은 결코 이 지역에 산 적이 없고 고대 팔레스타인 민족이 수천 년 동안 살아왔다고 주장했다.

그와 그의 협력자들의 평생 임무는 국제연합과 전 세계에 테러와 외교를 통해 중동에서 유대인들을 없애는 것이었다. 그리고 존재하지도 않은 팔레스타인과 팔레스타인 민족을 전 세계에 각인시키기 위해 아라파트가 생각해 낸 것이 바로 테러였다.

그는 최초로 비행기를 납치했으며 이스라엘 민간인들을 표적으로 한 폭탄 테러와 1972년 뮌헨 올림픽 기간에 이스라엘 선수단 살해 등 국제적인 테러조직의 지도자로 악명이 높았다. 세간의 이목을 끈 일련의 폭력 행위로 국제언론 사전에 '팔레스타인 민족'이라는 용어를 만들어 낸다. 그래서 야세르 아라파트를 테러리즘의 아버지라고 부르는 것이다.

결국 유대 국가를 인정했던 국제연합이 야세르 아라파트의 주장에 주목하며 1974년 팔레스타인 해방기구를 팔레스타인 민족의 유일한 합법적인 대표로 인정한다. 이렇게 야만적이고 끔찍한 테러의 결과로 팔레스타인 민족이 탄생하고 그때부터 이스라엘은 이 땅의 주인인 팔레스타인을 핍박하는 점령군으로 인식되어 퍼져나가게 되었다.

그의 거짓 선동에 전 세계가 너무 쉽게 속은 것이다. 팔레스타인은 입으로는 평화를 외치지만, 이스라엘과 공존하는 평화를 원하지 않는다. 팔레스타인 아랍인들은 이스라엘을 없애야 한다는 절대적인 사명감으로 이스라엘과 평화조약을 맺지 않기 위해 아라파트와 이슬람 국가들이 증오의 스토리를 만들어 낸 것이다.

이스라엘이 팔레스타인의 땅을 훔쳤으며 팔레스타인 아랍인의 운명은 유대인들을 바다에 던져 넣기까지 최선을

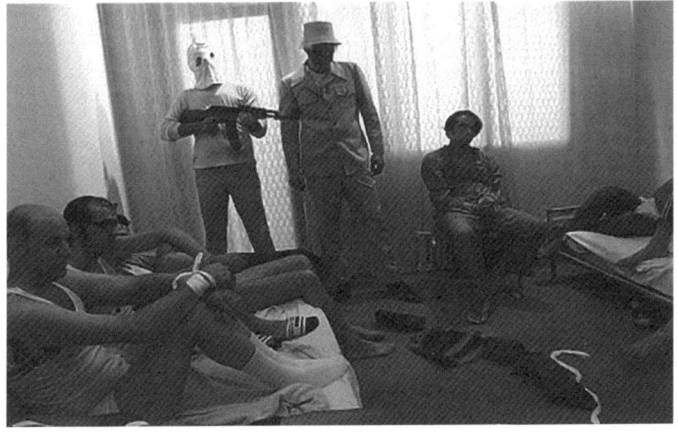

* 야세르 아라파트
* 뮌헨 올림픽 당시 유대인들을 인질로 삼은 팔레스타인 테러리스트

다해 싸우는 것이라고 지금도 아랍의 모든 아이에게 가르치고 있다.

이슬람은 지금도 그들의 목적을 이루기 위해 인내하며 기다리고 있다. 유대인을 죽이는 자를 영웅시하고, 요람에서 무덤까지 이어지는 이스라엘에 대한 증오 교육과 문화는 지금까지 팔레스타인 사회 전반에 스며들어 있다. 이런 정신 교육은 이스라엘과 절대 평화를 맺지 못하도록 막는 보험 증권 같은 것이다.

팔레스타인은 예수님께서 다시 오실 땅이다. 하나님께

150년 전의 통곡의 벽에서 기도하는 유대인들

서 이스라엘 민족에게 영원히 약속하신 땅에서 이스라엘을 완전히 몰아내고 예루살렘을 아랍 국가로 만들기까지 그들의 철면피적인 계략과 테러를 멈추지 않을 것이다.

팔레스타인 뒤에는 아랍 연맹 22개국, 이슬람 국가 회의 기구 57개국이 있다. 대부분의 개발도상국도 팔레스타인을 지지하고 있다. 국제연합과 러시아는 물론이고 최근에는 중국마저도 팔레스타인을 지지한다고 공공연하게 말하고 있다.

하지만 1948년에 이스라엘이 건국하기 이전까지 역사 속에서 팔레스타인이라는 국가는 존재한 적이 없다. 이스라엘이 건국된 이후에 그들이 급조해서 만든 말일 뿐이다.

03

유대인 정착촌은 국제법 위반인가?

　국제연합을 포함한 국제 사회가 이스라엘을 비난할 때 가장 많이 주장하는 것은 서안 지구 내에 있는 유대인 정착촌은 불법이며, 반드시 유대인들은 더 이상의 정착촌 건설을 중단하고 그곳에서 모두 철수해야 한다는 것이다.

　이런 주장은 서방 세계의 언론에 그대로 소개되었고, 우리나라의 언론에서도 여과 없이 보도되고 있다. 이런 뉴스를 접한 한국 사람들 역시 이스라엘을 비난하는 데 주저하지 않는다.

이런 주장 역시 사실일까? 2019년 11월 18일, 미국의 마이크 폼페이오(Mike Pompeo) 국무 장관은 브리핑을 통해 "모든 법적 부분을 면밀히 검토한 결과, 미국 정부는 서안 지구에 세워진 이스라엘 민간 정착촌은 국제법에 어긋나지 않는다는 데 동의한다"라고 발표했다. 팔레스타인 자치령인 요단강 서안 지구의 이스라엘 정착촌은 국제법에 어긋나지 않는다는 것이다. 그뿐만 아니라 그는 "서안 지구 민간 정착촌 건설에 관한 독특한 사실과 역사와 환경을 근거로 판단했고, 미국 정부는 각 정착촌의 법적 지위에 대해서는 어떤 의견도 표명하지 않을 것이다. 서안 지구의 궁극적 지위에 대해서도 예단하지 않겠다"라고 밝혔다.

이는 1978년 미국 정부가 이스라엘 정착촌을 국제법에 어긋난다고 규정한 이후 41년 만에 기존의 입장을 뒤집은 것이다. 그렇다면 마이크 폼페이오 국무 장관은 어떤 관련 법을 면밀히 검토했고, 국제법을 어떻게 정의해서 40여 년 만에 입장을 번복하고 이스라엘 편을 들게 된 것일까? 과연 서안 지구에 건설 중인 이스라엘 정착촌은 무엇이며 왜 문제가 되어 왔을까?

서안 지구 내 유대인 정착촌은 1967년에 일어난 6일 전쟁의 부산물이다. 제1차 중동 전쟁에서 대패한 아랍 국가들은 절치부심하며 복수의 날을 기다리고 있었다. 특히 이집트의 나세르 대통령은 이스라엘을 향한 복수의 일환으로 1967년 5월 23일 티란 해협(Strait of Tiran)을 봉쇄할 것이며, 이스라엘 국적의 선박은 티란 해협을 거쳐 아카바만(Gulf of Aqaba)으로 들어갈 수 없게 할 것이라고 발표했다.

아카바만은 이스라엘에서 가장 중요한 남쪽의 항구 에일랏이 있는 곳이다. 인도양이나 아라비아해에서 아카바만으로 들어가려면 어쩔 수 없이 폭 5킬로미터의 티란 해협을 거쳐야만 한다.

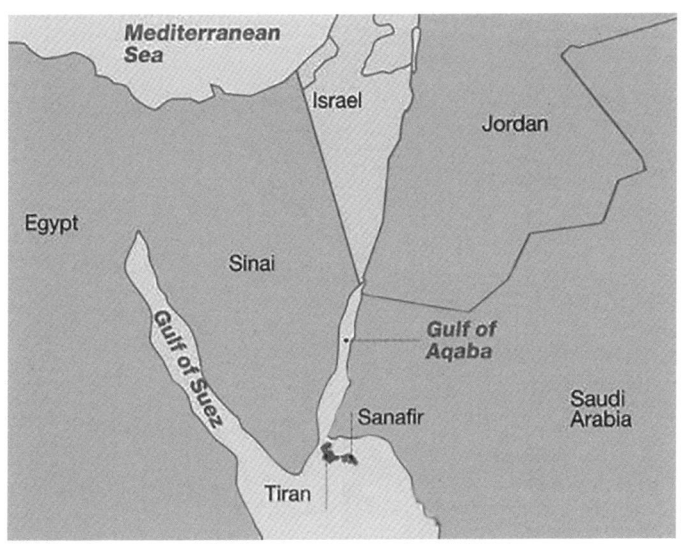

티란 해협

티란 해협의 서쪽에는 이집트의 시나이반도가, 동쪽에는 사우디아라비아가 있기 때문에 이집트가 봉쇄 조치를 발표하기 이전에 사우디아라비아와 협의해야 했다. 하지만 이집트는 그런 과정을 밟지 않고 일방적으로 이스라엘에 통보한 것이다.

당시 이스라엘의 상업 선박은 대부분 이스라엘 영토 서쪽에 있는 지중해 쪽 항구인 하이파나 아코를 이용하고 있었고, 에일랏 항구는 거의 이용하지 않았다. 그럼에도 불구하고 이스라엘 입장에서는 여간 심각한 문제가 아니었다. 혹시 나중에 이스라엘과 이집트가 분위기가 좋아져서 봉쇄가 해제되어도 이집트가 티란 해협을 빌미 삼아 또다시 봉쇄 카드를 들고 나오면 난감할 수밖에 없는 것이다.

이스라엘은 이번 기회에 문제의 소지를 뿌리 뽑겠다는 결정을 한다. 이집트를 상대로 선제공격을 감행해 시나이반도를 점령하는 것이다. 그럼 더 이상 티란 해협 봉쇄라는 잠재적 불안감에서 벗어날 수 있기 때문이다.

물론 이스라엘이 시나이반도를 차지하기 위해 이집트를 공격하는 것은 이집트만을 상대로 전쟁하는 것이 아니라는 것도 잘 알고 있었다. 만약 이스라엘이 이집트를 공격하면 곧바로 이집트의 아랍 동맹국인 요르단, 시리아, 레바논, 이라크가 가만히 있지 않을 것은 자명했다. 이스라엘의 이집트 시나이반도 공격은 아랍 여러 나라와의 확전이 될 것은 불 보듯 뻔했다. 이스라엘은 이 모든 상황을 대비해야 했다. 이집트뿐만 아니라 북쪽의 시리아와 동쪽의 요르단에 대해서도 군사적 조치가 필요했다.

왜냐하면 1차 중동 전쟁이 끝난 이후에, 요르단 관할의 동예루살렘과 시리아가 점령하고 있는 골란고원 그리고 이집트가 관리하는 가자 지구에서도 끊임없이 이스라엘 영토를 향해 로켓과 미사일을 발사해서 위협했기 때문이다. 특히 시리아의 관할 지역인 골란고원에서 갈릴리 호수 주변의 이스라엘 주거 지역으로 미사일이 발사될 수 있다는 것은 그야말로 폭탄을 머리에 이고 사는 것과 다를 바 없었다. 그뿐만 아니라 요르단과 이집트에서 날아오는 전투기는 5분에서 10분이면 이스라엘 전역에 도달할 수 있었다. 이스라엘 입장에서는 안보적인 차원에서도 완충 지역이 절대적으로 필요했다.

더구나 1967년부터 시리아가 이스라엘의 중요 식수원인 갈릴리 호수의 물을 마르게 하기 위해 갈릴리 호수의 수원지인 헐몬산에 댐 공사를 준비하고 있다는 사실을 알게 되었다. 이스라엘로서는 근본적인 대책이 절실히 필요했다.

그러나 이스라엘은 시리아나 요르단을 선제공격하지 않았다. 어차피 이스라엘이 이집트를 선제공격하면 시리아와 요르단은 자동으로 이 전쟁에 뛰어들 것이기 때문이다.

사람들 간의 폭행 사건에서도 누가 먼저 상대방을 향해 주먹을 휘둘렀느냐가 중요하듯이 국가 간에 벌어지는 전쟁도 누가 먼저 공격했느냐가 나중에 국제법을 다툴 때 중요한 요인이 된다. 이스라엘은 이것을 잘 알고 있었고 또 활용하기로 했다. 이스라엘은 국가로 탄생한 지 20년밖에 되지 않았고, 정규군이 15만 명에 불과한 이스라엘이 1억 명이 넘는 주변 아랍 국가들과 전쟁을 해서 6일 안에 마무리해야 한다는 작전이 과연 가능한 일일까? 어쨌든 이스라엘은 주사위를 던졌다.

드디어 1967년 6월 5일 6시 30분에 이집트의 시나이반도를 향해 이스라엘 전투기가 날아가면서 제3차 중동 전쟁이라 불리는 6일 전쟁이 시작되었다. 이스라엘에서 출격한 전투기는 레이더에 잡히지 않기 위해 초저공비행으로 시나이반도를 향해 날아가 단 3시간 만에 이집트 항공기 450여 대 중에 300여 대를 폭파하고 공군 기지와 레이더 기지 등을 모조리 파괴했다. 그 결과 이집트 공군력 80퍼센트가 무

* 시나이반도를 향해 진군해 가는 이스라엘 군인들
* 시나이반도를 향해 진군하는 이스라엘 장갑차와 전투기

* 포로로 잡힌 요르단 군인들
** 예루살렘 점령을 앞두고 있는 이스라엘 군인들
*** 시리아 군인들이 버리고 간 골란고원의 탱크

력화되었고 시나이반도 전체를 점령하는 데 성공했다.

이집트는 80퍼센트의 공군력을 상실했음에도 불구하고 언론과 방송을 통해 이집트 공군이 이스라엘의 침략을 막아냈으며 지금도 여전히 이스라엘 전투기는 맥없이 떨어지고 있다는 거짓 뉴스를 쏟아냈다.

이집트의 거짓 방송은 시나이반도에서 그나마 목숨을 부지하고 있던 이집트 군인들이 철수할 기회를 놓치게 했고 더욱 혼란만 가중시키는 결과를 초래했다. 이집트의 거짓 방송을 듣고 결정적 오판을 한 나라는 요르단이다. 이스라엘이 이집트를 공격해서 이집트 공군에 의해 이스라엘 공군이 궤멸하고 있다는 방송을 들은 요르단은 이집트와 힘을 합쳐 이스라엘을 칠 수 있는 절호의 찬스라고 생각한

모세 다이얀 장군

것이다.

이스라엘이 시나이반도를 향해 진격한 6월 5일 오후 1시 반, 동예루살렘에 있던 요르단 군인들은 서예루살렘을 향해 진격해 나가기 시작했다. 하지만 그것은 오히려 이스라엘이 요르단을 반격하는 빌미를 제공한 셈이었다. 당시 이스라엘의 총 참모총장이었던 모세 다이얀(Moshe Dayan)은 요르단의 공격 소식을 듣고 "드디어 그들이 우리에게 기회를 주었다"라고 말했다. 그 기회는 바로 이스라엘이 요르단으로부터 예루살렘을 되찾을 수 있다는 것이다.

이집트와 군사적 동맹국인 시리아 역시 이집트의 거짓 선전 방송에 동요되어 6월 6일 골란고원에서 이스라엘을 향해 진격해 들어왔다. 이 역시 이스라엘이 바라던 바이기는 했지만, 시리아가 워낙 튼튼하게 만들어 놓은 골란고원 진지를 공격하는 것은 쉬운 일이 아니었다. 깎아지른 골란고원의 능선을 전차들이 올라갈 수가 없었다. 그런데도 이스라엘에게 골란고원 점령은 반드시 성취해야만 하는 과제였다.

6월 5일에 시작된 전쟁의 결과는 다음과 같다. 6월 8일 이스라엘에게 패한 이집트는 국제연합의 중재를 받아들여 항복을 선언했다. 시나이반도에서의 총성은 멎었지만 엄청난 피해를 본 이집트의 체면은 구겨질 대로 구겨졌다. 이제 이스라엘은 티란 해협을 통제할 수 있고 뿐만 아니라 이스라엘 영토의 여섯 배가 넘는 시나이반도를 완충 지역으로 활용할 수 있게 되었다.

동예루살렘을 차지하기 위한 요르단과의 전투 역시 피의 전투였다. 전투기로 폭격할 수도 없는 좁고 구불구불한 미로 같은 동예루살렘의 골목길을 전차가 진입할 수도 없었다. 이스라엘 군인들이 소총 하나 들고 맨몸으로 동예루살렘을 진격한다는 것은 절대로 쉬운 일이 아니었다. 그때 당시 동예루살렘의 골목길은 이스라엘 군인들의 피가 강물같이 흘렀고, 전쟁이 끝난 후에도 한 달 동안 피비린내가 진동했을 정도였다.

6월 7일 오전 10시, 드디어 이스라엘군은 예루살렘 통곡의 벽 앞까지 진격해서 점령했다. 그 이후에 나블루스, 베들레헴, 헤브론, 여리고까지 점령해 나가면서 서안 지구 전체는 50시간 만에 이스라엘의 수중에 들어왔다. 마침내 요르단도 항복했다.

시리아가 점령하고 있었던 골란고원 역시 6월 10일 이스라엘이 완전히 장악하고 같은 날 저녁 6시 시리아는 이스라엘에 항복을 선언함으로 6일 전쟁은 이스라엘의 완전한 승리로 끝이 났다.

이스라엘은 6일 전쟁의 결과물로 이스라엘 국토의 6배에 해당하는 광활한 시나이반도를 손에 쥐었고, 전쟁의 씨앗이 되었던 티란 해협을 통제할 수 있게 되었다. 그리고 동예루살렘을 포함한 서안 지구와 골란고원까지 차지하게 되었다.

그러자 국제연합을 비롯한 국제 사회는 이스라엘의 전쟁은 국제법 위반이며 점령 지역에서 철수하라는 요구가 빗발치기 시작했다. 그러나 이스라엘은 국제연합과 국제

통곡의 벽 앞에서 승리의 춤을 추는 이스라엘 군인들

사회가 불법이라고 비난해도 몇 가지 이유를 들어 철수 요구를 거절했다.

첫 번째는 역사적인 이유이다. 서안 지구에는 《성경》에 나오는 수많은 장소가 있다. 예수님이 태어나신 베들레헴은 물론이고, 이집트에서 탈출한 후 40여 년간 광야 생활을 하다가 마침내 가나안 땅에 첫발을 내딛었던 길갈과 여리고 광야에서 떠돌던 성막이 처음 자리를 잡았던 실로, 야곱이 돌베개를 베고 자다가 꿈을 꾸었던 벧엘, 아브라함이 가나안 땅에 도착한 뒤 처음 방문한 성읍 세겜, 아브라함이 아내 사라를 장사 지내기 위해 헷족속에게 4백 세켈을 주

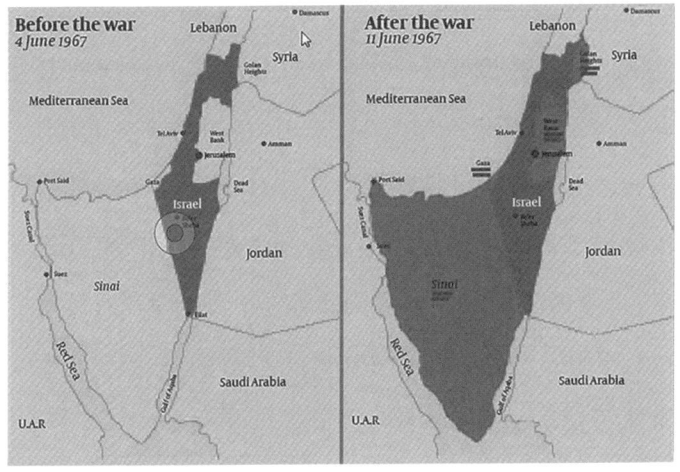

6일 전쟁 이전의 이스라엘 영토와 전쟁 후 확장된 이스라엘 영토

고 산 막벨라 동굴이 있는 헤브론 역시 서안 지구에 있다. 이렇듯《성경》과 유대인의 역사 속에 등장하는 매우 중요한 장소들이 모두 서안 지구에 있다 보니 이 땅에 대한 권리가 자신들에게도 있다고 생각한 것이다.

두 번째는 국제 사회는 서안 지구 내 유대인 정착촌 건설은 중동평화에 도움이 되지 않는다고 주장해 왔다. 하지만 이스라엘은 그렇게 생각하지 않았다. 1967년 6일 전쟁을 통해 서안 지구를 점령하기 전에는 그곳에 유대인 정착촌이 하나도 없던 그때에도 팔레스타인 아랍인의 이스라엘을 향한 테러가 끊이질 않았다. 그들의 테러는 지금도 여전히 발생하고 있다.

만약에 당장이라도 서안 지구에서 유대인 정착촌이 모두 철수한다면 팔레스타인의 공격이 사라질까? 아마 절대로 그렇지 않을 것이다. 2005년 이스라엘은 8천 5백 명의 유대인을 가자 지구에서 모두 철수시켰다. 그때 당시 유대인들은 모든 집과 농장과 건물을 뒤로 한 채 강제로 쫓겨났다. 그 후에 가자 지구에서 이스라엘을 향한 공격이 멈췄을까? 아니다. 지금도 계속해서 가자 지구에서는 이스라엘을 향해 로켓을 쏘아대고 있다.

세 번째는 이스라엘은 서안 지구 내의 유대인 정착촌 건설이 절대로 국제법 위반이 아니라는 입장이다. 국제법에 따르면 주변국의 대대적인 공격이 있으면 점령지에 대한 군사 통제가 가능하다. 1967년 6일 전쟁 초기에는 이스라엘이 이집트를 공격하면서 전선을 이집트로 한정 지었다. 그런데 갑자기 요르단이 이스라엘을 공격해 왔다. 그러자 이스라엘은 요르단을 막기 위해 6일 동안 수많은 이스라엘 군인을 희생시켜야 했다. 오직 방어를 위해 서안 지구와 동예루살렘을 점령하게 된 것이다. 또다시 국제법을 이야기하자면 명확한 평화를 이루고 모든 테러가 멈출 때까지 이스라엘은 서안 지구를 통제할 권리가 있다는 것이나. 거의 날마다 팔레스타인의 테러 공격이 있기 때문에 이스라엘이 이 지역에서 철수해야 할 법적인 의무가 없다는 것이다.

오히려 이스라엘이 이 지역에서 철수한다면 더 큰 위험에 처할 수 있다. 이스라엘의 주요 도시인 텔아비브와 국제공항이 팔레스타인 지역에서 발사하는 로켓에 노출될 수 있기 때문이다.

물론 정착촌 때문에 생기는 문제도 많이 있다. 팔레스타인 지역 안에 위치한 정착촌을 보호하기 위해서는 장벽과 울타리를 세울 수밖에 없다. 또 울타리 바로 옆에 있는 완충 구역은 팔레스타인 아랍인에게 불편을 주는 부분이기도 하다. 그뿐만 아니라 정착촌과 정착촌을 연결하는 도로를 만들 수밖에 없고, 도로의 안전을 위해 또다시 울타리를 세워야 하고 이 울타리는 팔레스타인 아랍인의 자유로운 이동과 경제활동을 제한하게 될 것이다. 팔레스타인 아랍인은 서안 지구 안의 모든 도로에서 자동차를 운전할 수가 있지만, 곳곳에서 이스라엘군이 검문하는 체크 포인트를 통과해야 하는 어려움이 있다.

여기서 우리가 알아야 할 중요한 부분이 있다. 1995년 미국의 빌 클린턴 대통령이 이스라엘의 이츠하크 라빈 총

빌 클린턴의 주도로 오슬로 협정을 맺는 이츠하크 라빈과 야세르 아라파트

리와 야세르 아라파트 팔레스타인 해방기구 의장이 합의한 오슬로 협정에서 팔레스타인 자치정부는 서안 지구를 A, B, C 세 지역으로 나누는 것에 협의하였다.

A지역은 팔레스타인 자치 정부가 완전한 통제권을 갖고 안보를 통제하기로 했다. 이 지역은 서안 지구의 약 18퍼센트에 해당하고, 팔레스타인 인구의 대부분이 이 지역에 거주하고 있다.

B지역은 팔레스타인 자치 정부가 통제는 하지만, 안보는 이스라엘 군대가 맡기로 했다. 이 지역에 이스라엘 군대가 주둔해도 좋다는 의미다. 이 지역은 서안 지구의 약 22퍼센트에 해당한다.

C지역은 비록 서안 지구 안에 있지만, 이스라엘 정부와 군대에 의해 완전히 통제되는 곳이다. 이 지역은 서안 지구의 약 60퍼센트에 해당하는데 바로 이곳에 유대인 정착촌이 지어지고 있다.

이런 구역 설정은 이스라엘이 한 것도 아니고, 미국이 한 것도 아니고 바로 팔레스타인 자치정부가 나눈 것이다. 오슬로 협정에 서명한 야세르 아라파트 팔레스타인 해방기구 의장 역시 최종 평화협정이 체결될 때까지 정착촌의 존재를 받아들이기로 합의했다. 그렇기 때문에 C구역에 유대인

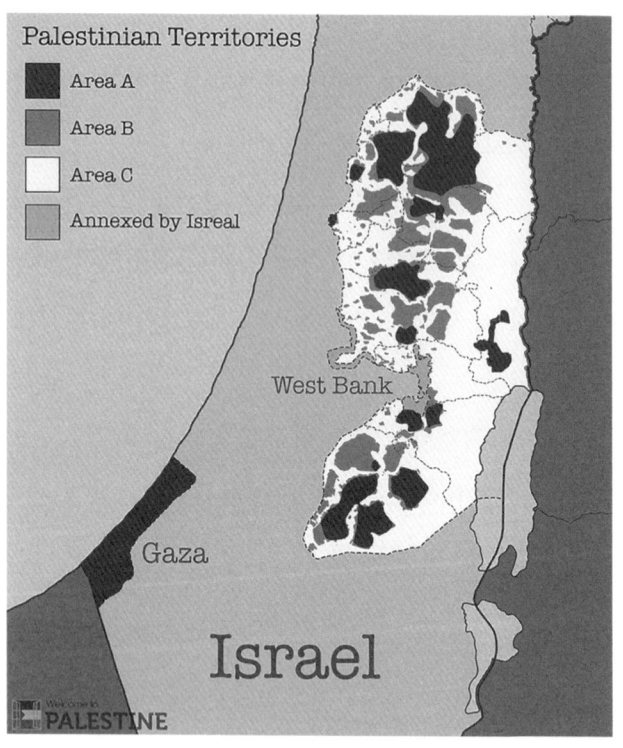

오슬로 협정에서 아라파트가 제안한 서안 지구 내 구역

정착촌을 건설하는 것은 국제법 위반도 아니고 전혀 문제가 되지 않는다는 것이 이스라엘의 입장이다.

하지만 이러한 상황을 전혀 고려하지 않고 국제 사회는 이스라엘의 정착촌 건설을 무조건 강력히 반대해 왔다. 특히 2019년 11월 12일 유럽연합 최고법원인 유럽사법재판소는 이스라엘 유대인 정착촌에서 생산되는 제품에는 이스라엘산이 아니라 점령지에서 생산됐다는 표시를 해야 한다고 판결하기도 했다.

사실 어떤 나라보다도 국제연합이 정착촌 반대에 가장 앞장서 왔다. 2016년 6월 이스라엘 정부는 말레 아두밈(Ma'ale Adumim)에 560채 건설을 승인했고 1,400채를 더 건설할 것을 발표했다.

그러자 같은 해 7월 4일 당시 국제연합의 반기문 사무총장은 이스라엘의 정착촌 추가 건설을 강력히 비판하며 재고할 것을 이스라엘 측에 요구하기도 했다. 급기야 같은 해 12월 23일 국제연합 안전보장이사회는 팔레스타인 자치령

말레 아두밈에 건설한 유대인 정착촌

내 이스라엘 정착촌 건설 중단을 촉구하는 결의안을 채택했다. 이 결의안에서 이스라엘이 서안 지구 안에 정착촌을 건설하는 것은 명백한 국제법 위반이라고 적시하고 이스라엘과 팔레스타인의 관계를 회복하려면 모든 정착촌 건설을 중단할 필요가 있다고 지적했다.

당시 미국의 버락 오바마 대통령은 이스라엘의 정착촌 건설에 비판적인 입장이었고, 미국이 투표에서 기권하면서 결국 결의안 통과의 문을 열어준 셈이 되었다.

국제연합 안전보장이사회가 이스라엘 정착촌 건설 정책을 비판하는 결의안을 채택한 것은 1979년 이후 처음이었다. 미국의 이런 결정에 대해 대통령 당선인 신분이었던 도널드 트럼프는 현직 대통령 버락 오바마에게 강력한 불만을 표현하며, 그는 "내가 대통령으로 취임한 2017년 1월 20일 이후에는 국제연합이 달라질 것"이라고 말했다. 그 후 도널드 트럼프 행정부는 "서안 지구의 유대인 정착촌은 불법이 아니다"라는 결정을 내렸다.

미국의 이런 발표에 팔레스타인은 강력하게 반발했다. 2019년 11월 26일 가자 지구와 서안 지구 전역에서 수천 명의 팔레스타인인이 이스라엘 정착촌은 불법이 아니라는 미국의 발표에 대해 '분노의 날' 항의 시위를 벌이면서 일부 시위대와 이스라엘군이 충돌하기도 했다.

도널드 트럼프 대통령의 포스터와 성조기, 이스라엘 국기 등을 불태웠다. 반면 이스라엘 쪽에서는 이 결정을 환호하며 반겼다. 특히 이스라엘 최고 랍비들을 포함한 250여 명의 저명한 랍비들이 백악관에 '트럼프 대통령을 통해 또다시 《성경》의 예언이 성취되었다'는 감사의 편지를 보내기도 했다.

예레미야 31장 5절은 "네가 다시 사마리아 산들에 포도나무들을 심되 심는 자가 그 열매를 따기 시작하리라."라고 말한다. 2,500년 전 예레미야 선지자는 이스라엘 백성이 사마리아 산으로 돌아갈 것이며 포도나무를 심을 것이라고 예언했다. 그리고 23절에서 유대 성읍들에 대해 예레미야가 말한다. "만군의 여호와 이스라엘의 하나님께서 이와 같이 말씀하시니라 내가 그 사로잡힌 자를 돌아오게 할 때에 그들이 유다 땅과 그 성읍들에서 다시 이 말을 쓰리니 곧 의로운 처소여, 거룩한 산이여, 여호와께서 네게 복 주시기를 원하노라 할 것이며."

지금부터 약 130년 전, 전 세계의 유대인들이 이스라엘로 돌아오기 시작했고, 70여 년 전 이스라엘이 건국되었다. 또 52년 전 이스라엘은 예루살렘과 헤브론 그리고 사마리아 등 유대의 다른 도시들로 돌아갈 수 있게 되었다. 그 누구도 상상하지 못한 이 모든 일은 《성경》의 예언에 따라 성취된 것이다.

이스라엘 정착촌에 관해 많은 의문과 논란이 있다. 그럼에도 불구하고 우리가 반드시 기억할 것이 있다. 성경 말씀에 따르면, 하나님께서는 이스라엘 백성에게 서안 지구를 포함한 이스라엘 땅으로 돌려보내실 것을 약속하셨고 무너진 성벽을 다시 세우며 포도원을 가꾸게 할 것이라고 하셨다. 그리고 그 말씀들은 일점일획도 없어지지 않고 모두 이루어진다는 것이다.

> "내가 내 백성 이스라엘이 사로잡힌 것을 돌이키리니 그들이 황폐한 성읍을 건축하여 거주하며 포도원들을 가꾸고 그 포도주를 마시며 과원들을 만들고 그 열매를 먹으리라 내가 그들을 그들의 땅에 심으리니 그들이 내가 준 땅에서 다시 뽑히지 아니하리라 네 하나님 여호와의 말씀이니라"(암 9:14-15)

04

골란고원은 이스라엘 것인가, 시리아 것인가?

2019년 3월 21일 도널드 트럼프 미국 대통령이 자신의 트위터에 올린 글 하나가 전 세계를 뒤흔들었다.

"52년이 지난 지금, 이스라엘과 지역 안정에 중요한 전략적·안보적 면에서 골란고원에 대한 이스라엘의 주권을 완전히 인정해야 할 때가 되었다."

이미 도널드 트럼프 대통령은 2017년 12월 9일에 예루살렘이 이스라엘의 수도라고 선언했다. 2018년 5월 14일에는 이스라엘 주재 미국 대사관을 텔아비브에서 예루살렘으로 이전해서 이스라엘은 물론 중동과 전 세계를 놀라게 한 적이 있다.

이스라엘의 총선거를 몇 주 앞둔 2019년 3월 21일에 또 다시 골란고원의 주권이 이스라엘에 있다는 글을 트위터에 올린 이후 전 세계 언론은 도널드 트럼프 대통령이 중동 화약고에 기름을 부었다는 기사들을 쏟아냈다. 이에 대해 이스라엘의 베냐민 네타냐후 총리는 트위터를 통해 트럼프 대통령에게 감사의 표현을 했다.

Donald J. Trump
@realDonaldTrump

Following

After 52 years it is time for the United States to fully recognize Israel's Sovereignty over the Golan Heights, which is of critical strategic and security importance to the State of Israel and Regional Stability!

11:50 AM - 21 Mar 2019

37,227 Retweets 152,902 Likes

Benjamin Netanyahu
@netanyahu

Follow

At a time when Iran seeks to use Syria as a platform to destroy Israel, President Trump boldly recognizes Israeli sovereignty over the Golan Heights. Thank you President Trump! @realDonaldTrump

1:06 PM - 21 Mar 2019

"이스라엘을 파괴하기 위해 이란이 시리아를 기반으로 삼고 있는 골란고원에 대한 이스라엘의 주권을 과감하게 인정한 트럼프 대통령에게 감사합니다."

트럼프와 전화 통화에서는 "당신은 역사를 만들었습니다"라고 말하기도 했다. 그리고 트럼프 대통령은 나흘 뒤 3월 25일 미국을 방문 중인 베냐민 네타냐후 총리를 만난 자리에서 골란고원에 대한 이스라엘 영유권을 인정하는 문서에 서명했다. 사실 이런 트럼프의 결정은 어느 정도 예상된 일이었다.

데이비드 프리드먼(David Friedman) 주이스라엘 미국 대사와 사우스캐롤라이나의 린제이 그레이엄(Lindsey Graham) 의원은 3월 초 네타냐후 총리와 함께 골란고원을 방문했고, 그 후 트럼프 대통령이 존 볼턴(John Robert Bolton) 국가 안보 보좌관, 재러드 쿠슈너(Jared Kushner) 그리고 국제 협상 특별 대표인 제이슨 그랜블랫(Jason Greenblatt) 등 고위 관료들과 몇 차례 만남 끝에 내려진 결정이다.

이때 예루살렘에 있었던 마이크 폼페이오(Mike Pompeo) 국무 장관은 네타냐후와 기자회견에서 트럼프의 선언에 대해 '역사적' 그리고 '과감한 것'으로 평가했다. 폼페이오는 "오늘 밤 트럼프 대통령은 힘든 싸움에서 얻어진 땅, 그 중요한 곳이 이스라엘 국가의 한 부분이 되는 것이 적절하다는 것을 인정했다. 트럼프 대통령은 이 사실을 인정하기 위해 대담한 결정을 했고, 이스라엘 국민들에게는 중요한 결정이었다. 진정한 역사가 될 것이며, 이스라엘 사람들은 그 땅의 전투에서 희생된 생명들이 영원한 가치와 의미가 있다는 것을 알 것이다"라고 말했다.

아랍 국가들의 반응은 차가웠다. 팔레스타인 자치정부, 팔레스타인 해방기구의 세브 에레카트(Saeb Erekat) 사무총장은 트위터에 "내일은 무엇을 가져올 것인가? 당연히 우리 지역의 불안정과 유혈 사태뿐"이라는 글을 올리며 강력히 반발했다. 터키 외무 장관 메블럿(Mevlut Cavusoglu)은 "국가들의 영토 보존은 국제법의 가장 기본적인 원칙이다. 국제법을 거부하는 이스라엘의 행동을 합법화하려는 미국의 시도는 이 지역에 더 많은 폭력과 고통을 가져올 뿐이다"라며 규탄했다.

유럽연합 역시 트럼프의 결정에 대해 골란고원에 대한 이스라엘의 주권을 인정하지 않는다고 밝히며 미국과 선을 그었다. 유럽연합 대변인은 성명을 통해 "유럽 연합은 국제법에 따라서 골란고원을 포함해 1967년 이후 이스라엘이 점령한 땅에 대해 이스라엘의 주권을 인정하지 않고 이스라엘 영토의 일부라는 주장도 고려하지 않는다"라고 강조했다.

그리고 국제연합 인권 이사회(United Nations Human Rights Council, UNHRC)도 이슬람 협력기구(Organisation of Islamic Cooperation, OIC)를 대표해 파키스탄이 제출한 시리아의 골란고원에 대한 결의안을 찬성 26, 반대 16, 기권 5로 채택했다.

이 결의안에는 이스라엘에게 골란고원의 유대인 정착촌 건설과 골란고원 거주 시리아인들에 대한 이스라엘 시민권을 강요하는 행위를 중단할 것을 촉구하는 내용을 담았다.

도널드 트럼프 대통령의 선언에 대해 우리나라 언론은 어떤 반응을 보였을까? 일부 언론 매체는 '이스라엘의 불법 점령 지역'이라는 기사 제목을 뽑았다. 골란고원을 한 번도 가본 적 없는 언론인들의 편견에 의해 작성된 외국 뉴스를 어떤 검증이나 비판의식 없이 그대로 옮겨 썼을 뿐이다.

그렇다면 도널드 트럼프 대통령은 왜 골란고원이 이스라엘의 주권 아래 있어야 한다는 생각을 세상에 알린 걸까? 정말 골란고원은 트럼프의 생각대로 이스라엘의 주권 아래 있는 것이 맞는 걸까? 아니면 중동의 화약고에 기름을 끼얹기 위해 한 말일까? 정말 이스라엘의 골란고원 점령은 불법이며 하루빨리 골란고원에서 철수해서 더는 시리아와 불필요한 영토 분쟁을 멈추고 평화 분위기를 조성해야 하는 것일까?

이스라엘은 왜 유럽 연합을 비롯한 세계 여러 나라로부터 불법 점령자라는 소리를 들으면서까지 골란고원에서 철수하지 않고 지키려는 것일까? 이스라엘에게 골란고원은 어떤 의미이며 역사적으로 어떤 관계가 있는 것일까?

골란고원은 갈릴리 호수 북동쪽에 있는 해발 평균 1천 미터의 높은 구릉지대다. 갈릴리 호수가 해발 -200미터로 골란고원은 실제로 갈릴리 호수보다 훨씬 높은 곳에 있다. 골란고원 북쪽에는 레바논이, 오른쪽에는 시리아가 맞닿아 있다. 골란고원의 면적은 1,800제곱킬로미터로 시리아와 이스라엘 사이의 완충지대 역할을 한다.

골란고원과 이스라엘은 성경적으로 역사적으로 떼어 놓고 생각할 수 없는 곳이다. 여호수아 13장에는 여호수아가 모세의 지시대로 열두 지파에게 땅을 분배하는 장면이 있다. 가나안 정복 전쟁이 일단락되고 여호수아가 할 일은 정복한 땅을 각 지파에게 분배해서 정착하게 하고 미정복지로 남은 곳을 완전히 정복하는 것이었다.

골란고원에서 국제연합(UN)

여호수아는 미정복지를 밝힌 다음 요단 동편의 땅은 이미 모세 생전에 르우벤, 갓, 므낫세 반 지파에게 분배되었음을 밝힌다. 이들은 바산과 길르앗을 분배받고 정착하게 되는데, 바산은 현재의 골란고원이며 길르앗은 현재의 요르단 북동쪽이다.

이렇듯 골란고원으로 알려진 바산 지역은 하나님께서 아브라함과 이스라엘 백성에게 영원한 언약 가운데 약속된 《성경》 약속의 땅이다. 그리고 바산은 도피성 중 하나였다. 신명기 4장 42-43절을 보면 다음과 같이 기록되었다.

"이는 과거에 원한이 없이 부지중에 살인한 자가 그 곳으로 도피하게 하기 위함이며 그 중 한 성읍으로 도피한 자가 그의 생명을 보전하게 하기 위함이라 하나는 광야 평원에 있는 베셀이라 르우벤 지파를 위한 것이요 하나는 길르앗 라못이라 갓 지파를 위한 것이요 하나는 바산 골란이라 므낫세 지파를 위한 것이었더라"

이스라엘 왕 아합과 아람의 왕 벤하닷과의 전쟁이 골란 지역에서 일어났고 하나님은 이스라엘의 승리를 허락하셨다(왕상 20장). 바빌론 포로 시대가 끝나고 제2성전 시대에 유대인들은 고향인 골란 지역으로 돌아왔다. 하지만 이들은 이방인들에게 공격당했고, 유대인 장군 마카비(Maccabee)는 군대를 골란 지역으로 이끌고 와 이들을 보호했다.

이 지역에 살았던 유대인들은 로마의 식민 지배에도 지속해서 저항했다. 골란고원의 감라(Gamla) 지역에 살던 주민 약 만 명은 로마에 저항하다 죽음을 맞이했다.

탈무드 시대 이후 유대 공동체는 골란고원에서 더욱 번성하며 확장되었다. 고고학자들이 골란 지역에서 발견한 34개의 유대인 회당 유적이 그 증거다. 그 후 18세기 후반 유럽에 살던 유대인들도 골란 지역으로 돌아오기 시작했다. 처음에 도착한 유대인들은 골란고원 남쪽인 호란 지역의 땅을 사서 농장을 일구었다. 이렇듯 골란고원은 유대인들이 역사적으로도 아주 오랫동안 자리 잡고 살아왔던 땅이다.

놀라운 것은 1891년에 유대인이자 국제금융가인 로스차일드(Rothschild)가 갈릴리 호수 동쪽 지역인 골란고원 사헴 엘 자울린이라는 곳과 질린 그리고 나피아 지역의 150평방킬로미터의 땅을 오스만 제국으로부터 발급받은 땅의 권리를 가진 쿠산족에게서 합법적으로 구매했다는 사실이다.

당시에는 오스만 제국이 이 지역을 관리하고 있었고, 이

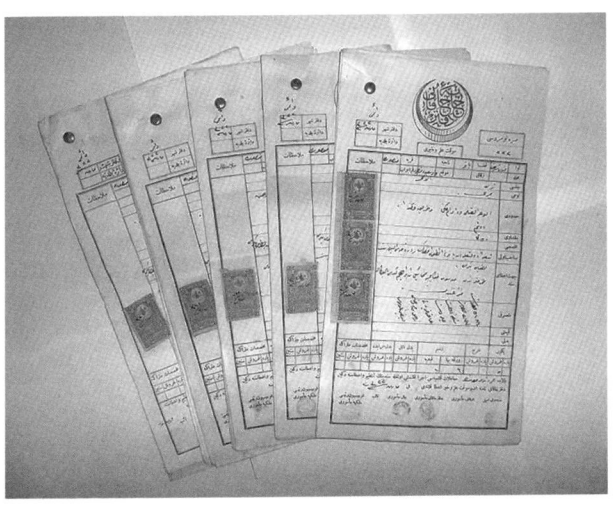

유대인 자본가 로스차일드가 골란고원의 일부 땅을 구입한 계약서

때 작성된 땅문서는 지금도 존재한다. 그 후에 유대인들은 이곳에 정착해서 그들만의 마을을 이루고 살아가기 시작했다. 그러나 이곳은 다른 유대인 마을과는 멀리 떨어져 있어서 고립되고 단절된 지역이었다. 주변 아랍인들의 끊임없는 공격이 이어지자 결국 몇몇 유대인들은 그곳을 포기하고 떠날 수밖에 없었다.

그러다가 제1차 세계 대전이 끝날 무렵인 1923년에 영국은 골란 지역을 프랑스의 통제를 받고 있었던 시리아와 레바논에 나누어준다. 이때부터 골란고원은 시리아와 레바논의 영토가 되었다.

1948년 이스라엘이 건국될 때 골란고원은 이스라엘 땅은 아니었지만, 1967년 이스라엘은 6일 전쟁을 통해 골란고원을 차지했다. 이에 대해 국제연합은 이스라엘이 6일 전쟁을 통해 불법적으로 점령한 지역이기 때문에 이스라엘의 영토로 인정할 수 없다는 입장이었다.

그렇다면 왜 이스라엘이 6일 전쟁을 통해 골란고원을 점령할 수밖에 없었고, 그 원인과 배경은 무엇일까?

1948년 4월 15일 이스라엘의 건국을 못마땅하게 여긴 아랍 국가들, 특히 골란고원을 차지하고 있던 시리아는 두

께 1미터나 되는 콘크리트로 수많은 진지를 만들어 이스라엘을 공격할 준비를 해왔다. 시리아가 만든 골란고원의 진지가 얼마나 대단한지 당시 이곳을 방문한 소련의 군사 전문가들이 프랑스 마지노(Maginot) 진지보다 훨씬 더 튼튼하고 강력하다고 혀를 내두를 정도였다.

시리아는 이 진지들을 통해 갈릴리 지역에 있는 이스라엘 도시를 향해 수많은 로켓포를 발사했다. 골란고원은 앞서 설명한 것처럼 해발 1천 미터 이상의 높은 곳이다. 그래서 해발 -200미터의 갈릴리 주변 도시에 로켓포를 발사할 수 있었던 것이다.

이스라엘의 입장에서는 갈릴리 호수 바로 위에서 시리아가 로켓포를 발사하는 것은 이루 말할 수 없는 고통이었다. 골란고원을 점령하지 않으면 갈릴리 호수 주변의 이스라엘 도시와 마을들은 늘 위협 속에서 살아갈 수밖에 없었다.

이스라엘이 골란고원을 점령하지 않을 수 없는 또 다른 이유가 있다. 1948년 이스라엘의 건국 이후 이스라엘 사람들이 제일 심각하게 고민한 것은 식수원 문제였다. 그래서 그들은 제일 먼저 갈릴리 호수에서부터 이스라엘 각 지역으로 식수원을 공급하는 수도관을 건설했다.

물론 쉬운 일은 아니었다. 이스라엘 사람들은 이 일에 최

수도관 연결공사

선을 다했고, 갈릴리부터 500킬로미터 떨어진 제일 남쪽 에일랏(Eilat)까지 깨끗한 식수를 공급할 수 있게 되었다.

이스라엘의 건국을 못마땅하게 여긴 주변 아랍 국가들은 이스라엘이 건국하자마자 전쟁을 일으켰고 이 전쟁에서 패하고 말았다. 그 후 아랍 국가들은 이스라엘과 직접 맞서 싸우는 데는 전략적으로 한계가 있다는 것을 깨닫고 다른 방법을 모색했다. 그것은 이스라엘 사람들이 식수원으로 사용하는 갈릴리 호수의 물을 고갈시키는 방법이었다.

갈릴리 호수의 물은 골란고원 헐몬산 바로 밑에 있는 단

(Dan)에서 솟아나는 엄청난 양의 샘물이 상류 요단강을 통해 갈릴리 호수로 들어온다. 그런데 당시에는 그 단이 있는 헐몬산이 시리아의 관할 안에 있었다.

그래서 시리아는 단에서 솟아나는 물이 갈릴리 호수로 들어가는 것을 막기 위해 댐 공사를 시작하기로 한 것이다. 만약에 댐 공사가 완료되면 갈릴리 호수의 물은 시리아에 의해 조절되고 이스라엘 사람들은 물로 인해 큰 고통을 받을 수밖에 없었다. 이 사실을 알게 된 이스라엘은 댐 공사를 사전에 막아야 하는 새로운 문제에 부딪히게 되었다. 그러던 차에 6일 전쟁이 일어난 것이다.

이집트가 이스라엘의 남쪽 지역인 아카바만을 봉쇄하자 이스라엘은 선제공격을 단행하여 3시간 만에 이집트의 시나이반도를 장악했다. 그때 북쪽에 있던 시리아가 이집트를 돕기 위해 골란고원의 진지를 통해 이스라엘을 공격해 왔다.

이스라엘은 골란고원을 되찾고 갈릴리 호수의 식수원을 안전하게 확보해야만 했기에 6일 전쟁이 시작된 지 사흘 만에 시리아의 골란고원을 공격했다.

사막 지대인 시나이반도에서의 전투는 3시간 만에 끝날 정도로 수월한 전쟁이었지만, 해발 1,000미터의 깎아지른 절

6일 전쟁 당시 골란고원에서 파괴된 시리아 탱크

벽으로 된 골란고원을 진격한다는 것은 쉬운 일이 아니었다.

골란고원을 진격할 때 수많은 이스라엘 군인들이 희생되었고 당시의 골란고원을 피의 등산로라고 불렀을 정도였다. 이스라엘은 단 하루 만에 골란고원을 점령하고 전쟁이 시작된 지 6일 만에 전쟁은 끝이 났다. 이때부터 골란고원은 이스라엘의 영토로 합병되었다.

그러나 국제연합 안전보장이사회는 1967년 11월 22일 242호 결의안을 통해 골란고원은 이스라엘의 불법 점령지이며 이곳에서 철수할 것을 요구했다. 하지만 이스라엘은 절대로 이곳을 내줄 수 없는 또 다른 이유가 생겼다. 그것은 바로 이란 때문이다.

이란은 그동안 이스라엘을 끊임없이 비난해 왔고, 특히 아마디네자드 전 대통령은 이스라엘의 모든 유대인을 지중해 앞바다에 수장시키겠다고 공공연하게 말했다. 이란과 이스라엘은 지리적으로 1,500킬로미터 이상 떨어져 있어서 군사적으로 공격하기에는 한계가 있었다.

그래서 이란은 이스라엘 바로 위쪽에 있는 시리아와 군사적 협력 관계를 맺고 남부 지역 여러 곳에 군사 기지를 구축했다. 이란은 최근까지도 이곳에서 이스라엘을 향해 미사일을 발사하고 무인 정찰기 드론을 날리기도 했다. 그나마 이스라엘이 골란고원을 점령하고 있어서 다행이었다. 만약에 이스라엘이 철수하면 1967년 6일 전쟁 이전의 상황

6일 전쟁의 승리를 알리는 신문 기사

이 재현될 것이다. 이스라엘은 시리아뿐만 아니라 이란까지도 머리에 이고 사는 형국이 되는 것이다. 그래서 이스라엘은 더욱더 골란고원에서 철수할 수가 없는 것이다.

도널드 트럼프 대통령이 골란고원은 이스라엘의 주권 아래 있는 것을 인정할 수밖에 없다고 발표를 하자, 국제사회는 국제법 위반을 들어 강력하게 반대했다. 국제법에는 전쟁을 통해 점령한 영토는 인정하지 않는다고 되어 있다. 그렇다면 이스라엘은 6일 전쟁을 통해 골란고원을 점령했기 때문에 시리아에 돌려주는 것이 마땅한 것일까?

하버드 법대와 존스홉킨스 대학 교수를 역임했고, 국제사법재판소 판사(1981~2000년 역임)와 국제사법재판소(ICC, 1997~2000년 역임) 총재를 지낸 스티븐 슈웨벨은 이처럼 말한다.

"압수와 점령이 자위권에 필요한 국가는 외국 영토를 점령할 수도 있다. 한 나라가 외국의 영토를 점령하는 것은 그러한 장악과 점령이 자기방어를 위해 필요할 때만 가능하다. 즉 영토가 이전 보유자에게 반환된 이후 점령했던 나라에 위협이 가해지는 한 또는 영토가 다시 위협의 원천이 될 우려가 있는 한 점령국은 자기방어의 이유로 계속 보유

스티븐 슈웨벨

할 권리를 갖는다."

그리고 도널드 트럼프 대통령은 이렇게 말했다.

"이제 골란고원은 이스라엘의 점령지가 아니라 이스라엘의 통제 지역이 되었다."

《성경》은 이스라엘의 영토를 이야기할 때 "단에서부터 브엘세바까지"라는 표현을 자주 사용한다.

> "그 맹세는 곧 이 나라를 사울의 집에서 다윗에게 옮겨서 그의 왕위를 단에서 브엘세바까지 이스라엘과 유다에 세우리라 하신 것이니라 하매"*(삼하 3:10)*

"솔로몬이 사는 동안에 유다와 이스라엘이 단에서부터 브엘세바에 이르기까지 각기 포도나무 아래와 무화과나무 아래에서 평안히 살았더라"(왕상 4:25)

"드디어 왕이 명령을 내려 브엘세바에서부터 단까지 온 이스라엘에 공포하여 일제히 예루살렘으로 와서 이스라엘 하나님 여호와의 유월절을 지키라 하니 이는 기록한 규례대로 오랫동안 지키지 못하였음이더라"(대하 30:5)

이 외에도 사사기 20장 1절, 사무엘상 3장 20절, 사무엘하 17장 11절, 24장 2절, 24장 15절, 역대상 21장 2절 등 단에서 브엘세바까지라는 표현은 아홉 번이나 등장한다.

하나님께서 이스라엘의 영토를 단에서부터 브엘세바까지 지정해 주신 것은 창세기 17장 8절에 말씀하신 "내가 너와 네 후손에게 네가 거류하는 이 땅 곧 가나안 온 땅을 주어 영원한 기업이 되게 하고 나는 그들의 하나님이 되리라"라고 아브라함에게 약속하신 것을 반영한 것이다.

이렇게 《성경》에서 여러 차례 언급한 단이 골란고원에 있다. 이런데도 골란고원이 이스라엘과 상관이 없다고 할 수 있을까?

05

이스라엘이
시리아를
공격하는 이유

　2018년 9월 17일 밤 11시경, 시리아의 서부 라타키아(Latakia) 해안 35킬로미터 상공을 러시아 공군 정찰기가 날아가고 있었다. 이 정찰기는 북대서양조약기구(NATO)의 시리아 인근 지중해 일대에 배치된 해군의 군함과 공군의 전투기 레이더 및 통신 정보 수집을 위한 정찰 비행을 마치고 시리아의 러시아 임대 군사 기지인 흐메이밈(Hmeimim) 공군 기지로 귀환하는 중이었다. 정찰기에는 15명의 러시아 군인이 탑승하고 있었다.

그런데 정찰기가 러시아 공군 기지 레이더망에서 감쪽같이 사라지면서 모든 통신이 두절되었다. 러시아 국방부는 정찰기가 지중해에 추락한 것으로 판단하고 구조대를 급파했다.

러시아 정찰기는 정체불명의 미사일 공격을 받고 그 자리에서 산산조각이 나 지중해 속으로 사라져 버렸다. 러시아는 미사일 공격을 프랑스의 소행으로 판단했었다. 왜냐하면 바다 근처에서 프랑스의 호위함 오베르뉴(Auvergne)가 작전 중이었기 때문이다. 그런데 공격당한 러시아 정찰기는 놀랍게도 시리아의 라타키아 일대에 배치되어 있던 시리아 정부군이 발사한 S-200 지대공 미사일 공격을 받은 것으로 밝혀졌다.

시리아가 보유하고 있는 S-200 지대공 미사일

현재 시리아는 러시아와 군사동맹 관계이고, 격추된 정찰기는 시리아 정부군을 위협하는 NATO 군사력에 대한 정찰 감시 임무 수행 중이었다. 정상적인 상황이라면 시리아가 러시아 정찰기를 공격할 이유가 전혀 없다. 시리아 정부군이 러시아 정찰기를 향해 미사일을 발사한 것은 분명한 오인이고 실수였다.

러시아는 당연히 시리아를 비난해야 했지만, 그 모든 원인과 책임이 이스라엘에 있다고 비난했다. 이 사고 후 곧바로 이스라엘 베냐민 네타냐후 총리는 같은 날 이스라엘 공군이 시리아를 폭격하기는 했지만, 이스라엘 전투기가 러시아 정찰기를 격추하지 않았다는 성명을 발표했다.

그렇다면 시리아의 오인 사격은 왜 일어난 것일까? 같은 날 이스라엘 공군의 F-16 전투기 4대가 야심한 밤을 틈타 지중해를 저공 비행해서 시리아에 접근했고, 시리아 영토 내에 이란이 건설한 무기 제조 시설을 공습했다. 놀란 시리아 정부군이 레이더를 가동했을 때 이스라엘 전투기가 포착되었고 곧바로 지대공 미사일을 발사했다.

시리아 정부군이 발사한 지대공 미사일을 발견한 이스라엘 전투기는 때마침 작전을 마치고 귀환 중인 엄청난 크기의 러시아 정찰기를 발견하고 그 정찰기 옆에 바짝 붙어서 비행했다.

그렇게 하면 시리아군 레이더 스크린에 레이더 반사 면적이 가장 큰 1개의 표적만 보이게 된다. 이스라엘 전투기 조종사는 이 점을 잘 알고 있었다. 시리아 정부군은 그 목표가 아군인지 적군인지 제대로 식별하지 못하고 미사일을 발사한 것이다.

더구나 시리아 정부군이 발사한 지대공 미사일은 S-200이었고 이 구식 미사일의 발사 방법은 사격 통제소에서 유도하는 방식이었다. 결국 시리아 정부군이 발사한 지대공 미사일은 이스라엘 전투기가 아닌 아군인 러시아 정찰기를 격추한 것이다. 그래서 러시아가 사고의 책임을 이스라엘

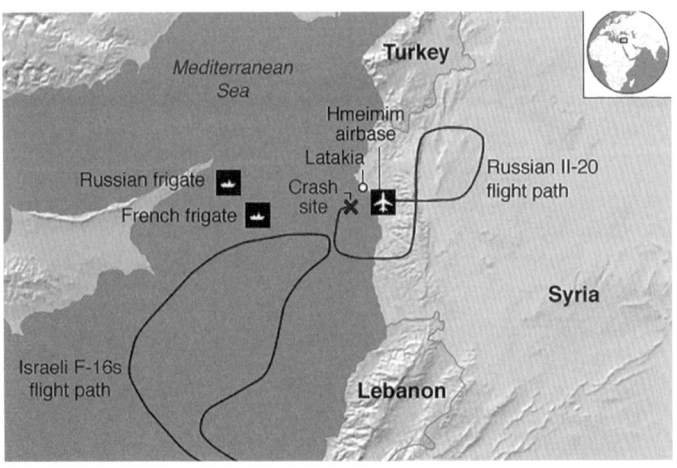

이스라엘 전투기의 운항 행적

로 떠넘기며 비난한 것이다.

그렇다면 이스라엘 전투기는 왜 이날 밤 시리아 영토를 공격한 것일까? 사실 이스라엘은 2017년 일 년 동안 시리아를 200번 이상 폭격했다. 이스라엘의 공격 대상은 시리아에 있는 이란 군사 기지였다. 시리아는 2011년부터 지금까지 극심한 내전을 겪고 있었다. 이 내전으로 인해 50여만 명이 죽었고, 550여만 명이 다른 나라로 피난을 떠나서 난민이 되었다.

이란은 이슬람의 시아파 종주국이다. 시아파의 극단적 종말론 사상에 의하면 그들이 기다리는 열두 번째 이맘, 즉 그들의 메시아가 오기 전에 시아파 이슬람교도들은 지구상에 존재하는 사탄들을 없애야 한다. 사탄 중에 가장 큰 사탄은 미국이고, 작은 사탄은 이스라엘이다. 이것이 이슬람 시아파의 사명이다. 이란은 할 수만 있다면 경제적으로 정치적으로 군사적으로 모든 수단과 방법을 동원해서 이스라엘을 파괴하려고 한다.

그러나 현실적으로 이란과 이스라엘은 1,500킬로미터 이상 떨어져 있기 때문에 미사일과 전투기로 이스라엘을 공격하기는 쉽지 않다. 그래서 이란은 이스라엘과 국경을 마주하고 있는 시리아를 징검다리로 선택했고 그곳에 군사 기지를 만들었다.

2011년 시리아에서 시아파 정부군과 수니파 반정부군 간에 내전이 시작되자 이란은 곧바로 시아파 정부군을 지지하고, 군사 물자와 병력을 지원했다. 이란은 이슬람의 시아파 종주국이고, 시리아 정부군 역시 시아파로 종교적 신념으로 유대 관계를 형성하고 있었다. 시리아 역시 이스라엘에 대한 감정이 좋지 않았다.

1948년 이스라엘 건국 이후 시리아는 다른 아랍 국가들과 마찬가지로 이스라엘과 첨예하게 대립했다. 특히, 1967년 6월에 있었던 6일 전쟁을 통해 골란고원을 이스라엘에게 빼앗긴 이후 이스라엘에 대한 적대감이 더욱 커져갔다. 현재 이란은 시리아의 여러 곳에 군사 기지를 설치해 놓고 이스라엘을 향해 군사적 공격을 감행하기 위해 호시탐탐 기회를 엿보고 있다.

이스라엘의 〈The Times of Israel〉이라는 매체에 따르면, 이란은 시리아에 최소한 10개 이상의 군사 기지를 설치했다고 한다. 그중 3개는 지휘 사령부이고, 나머지 7개는 전술 기지로 언제든지 이스라엘을 공격할 수 있도록 여러 지역에 설치했다. 그중 2개 기지는 이스라엘 국경 근처에 있다.

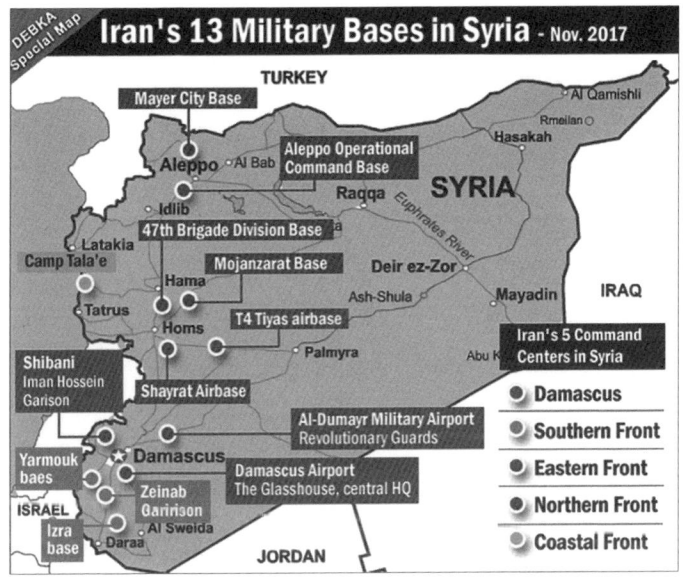

시리아에 있는 이란 군사 기지

   이 매체에 따르면 수백 명의 이란 군 장성들이 시리아에 있고 6천여 명의 전투 요원과 레바논, 이라크, 아프가니스탄, 파키스탄 등 여러 나라에서 온 헤즈볼라 요원들이 시리아에 자리 잡고 있다고 밝혔다.

   2017년 영국 BBC 방송도 이란이 시리아 내에 영구적인 군사 기지를 건설 중이라고 자세히 보도했다. 시리아의 수도 다마스쿠스(Damascus)에서 남쪽으로 14킬로미터 떨어진 엘-키스와(Al Kiswah)에 군사 기지를 건설 중인데 이곳은 원래 시리아군이 사용했었다.

BBC가 위성사진들을 분석한 결과 2017년 1월부터 10월 사이 엘-키스와 지역에 군사 숙소와 주차용 건물 20여 동이 지어지는 등 건축이 활발하게 진행되고 있다고 보도했다.

2018년 9월 20일, 국제연합 이스라엘 대사인 대니 다논(Danny Danon)은 이란은 시리아에 8만 2천 명의 군인을 파견했다고 밝혔다.

이란 군부는 전투적 극단주의자들을 고강도 훈련을 시키고, 시리아를 전략적 기지로 사용하고 있다고 말했다. 뿐만 아니라 시리아에 미사일 공장을 건설 중이며 시리아 전역을 세계에서 가장 큰 군사 기지로 탈바꿈하고 있다고 발표했다.

그리고 이라크, 파키스탄, 아프가니스탄에서 1만 명의 시아파 군인과 6만 명의 현지 전투원을 모집 중이며, 이슬람 혁명 수비대에서 3천 명, 테러 집단인 헤즈볼라에서 9천 명을 모집했다고 한다.

시리아 정부 역시 이란의 군사력 확충을 위해 기지, 군대 및 미사일 공장에 350억 달러를 지출했을 뿐만 아니라, 미사일을 비롯한 전쟁 무기에 2,300억 달러를 사용했다. 이러한 군사비 지출은 2014년에는 정부 예산의 17퍼센트를 사용하였고, 2017년에는 22퍼센트로 증가했다.

이란이 시리아 정부와 손잡고 시리아에 만든 군사 기지와 아랍 여러 나라에서 불러 모은 군 병력을 이스라엘이 바라보고만 있을까? 이스라엘 머리 위에 이란의 군사 기지가 설치되어 온갖 미사일과 전투 병력이 집결하는 것을 지켜보고만 있을까?

절대로 그렇지 않다. 이스라엘이 어떤 나라인가? 1981년 이라크의 후세인 대통령이 수도 바그다드 인근에 있는 오시라크(Osirak)에 핵 시설을 건설 중인 것을 알고 선제공격해서 완벽히 폭파해 버렸다. 자국에 위협이 될 수 있는 시설이 건설 중이라는 사실을 알고 국제 사회가 아무리 반대해도 위험요소를 사전에 제거하는 과감한 나라다.

이스라엘군은 지난 18개월 동안 시리아 내 200여 개의 목표물을 공격했다고 발표한 적이 있다. 2018년 2월 10일, 시리아에 이란제 무인 항공기 드론이 이스라엘 영공을 침범하자 이스라엘군은 헬기로 요격한 다음 F-16 전투기 8대가 출격해 드론의 출발 지점으로 추정되는 시리아 내 비행장을 공습했다. 이 과정에서 이스라엘 전투기 1대가 시리아군의 대공 포격에 맞아 추락했다. 조종사들은 탈출했지만 한 명은 중상을 입었다.

　이스라엘은 시리아 방공포대 3곳과 시리아 내 이란군이 설치한 군 시설 4곳을 포함해 12개 기지에 대대적인 공습을 가했다. 이스라엘은 시리아를 향해 8발의 미사일을 발사했는데 그중 5발은 시리아의 방공망에 격추되었고, 나머지 3발은 공군 기지 서쪽에 떨어져 이란군과 시리아 정부군 등 최소 14명이 사망했다.

　그러자 시리아도 가만히 있지 않았다. 만약에 이스라엘이 또다시 공격하면 반격하겠다고 경고했다. 2018년 5월 8일, 이스라엘은 수도 다마스쿠스 인근의 군사 기지를 미사일로 공격했다. 이번 포격은 다마스쿠스 남쪽의 수많은 시리아 군 기지가 모여 있는 키스웨 지역이었다. 시리아 인권 관측소는 이번 미사일 공격이 키스웨에 있는 이란의 정예 혁명방위군 소속 부대의 무기고와 로켓 발사대를 표적으로 한 것이며 아홉 명이 숨졌다고 발표했다.

　2018년 7월 8일, 이스라엘은 시리아 중부 홈스에 있는 T-4 공군 기지에 미사일 공격을 감행했다. 이 공격으로 이란인을 비롯해 친정부 부대원들이 사망했다고 발표했다. 이곳은 시리아군뿐만 아니라 이란인과 레바논 무장정파 헤즈볼라 등 친이란 세력이 주둔하고 있었다.

7월 16일 이스라엘은 시리아 북서부 알레포를 향해 미사일을 발사해 아홉 명이 사망했다. 7월 24일 이스라엘이 골란고원 인근에서 시리아 전투기를 격추시켰다. 9월 4일 이스라엘이 시리아 중서부 지역을 공격했다. 9월 15일에는 시리아의 수도 다마스쿠스 국제공항에 미사일 공격을 감행했다.

그리고 지난 9월 17일 밤 시리아 서부 라타키아에 있는 무기 제조 시설이 이란의 뜻에 따라 레바논 무장정파 헤즈볼라로 수송을 앞두고 있다는 정보를 입수한 이스라엘군은 이를 저지하기 위해 전투기를 보내 공습을 단행했다. 이 과정에서 시리아군이 우군인 러시아 수송기를 오인 공격하는 사고가 있었다.

이 모든 일이 불과 몇 달 사이에 일어났다. 그런데도 이란의 아미르 하타미 국방 장관은 9월 26일 다마스쿠스에서 취재진에게 "제삼자는 이란 고문단 시리아 파견에 영향을 미칠 수 없고 시리아에서 이란 군부대를 철수할 계획은 절대로 없다"라고 말했다.

그뿐만 아니다. 러시아 정찰기가 공격당한 것을 두고 러시아는 시리아의 방공망을 현대화하기 위해 러시아의 신형 미사일 방어 시스템 S-300을 2주 안에 공급하겠다고 발표했다.

이스라엘과 시리아는 이란 군부대 주둔과 관련하여 끊임없이 긴장 관계를 유지할 수밖에 없는 상황이다. 이렇듯 이란은 이스라엘을 공격하기 위해 8년 동안 내전으로 만신창이가 된 시리아의 영토를 이용하고 있다. 이란은 할 수만 있다면 이란 본토에서 이스라엘을 직접 공격하고 싶을 것이다. 지리적 여건 때문에 시리아를 통해 이스라엘을 공격하고 있으며 이스라엘은 그에 맞서 사전 공격을 하는 것이다.

현재 이스라엘과 이란은 직접적인 전쟁은 하지 않지만, 시리아에서 맞붙고 있다. 이스라엘은 북쪽의 시리아뿐만 아니라, 남쪽 가자 지역에 있는 하마스와도 전쟁을 치르는 중이다. 북쪽의 시리아와 레바논의 군사적 위협에도 대처하고 있다. 그 어느 때보다도 이스라엘은 전방위적으로 군사적 위협을 받는 상황이다.

06

이스라엘은
핵무기를
보유하고 있을까?

2018년 9월 19일, 국제연합 주재 이란 대표부는 안토니우 구테흐스 국제연합 사무총장에게 보낸 서한에서 이스라엘의 핵 프로그램을 문제 삼고 국제원자력기구(IAEA)가 사찰해야 한다고 요구했다. 그뿐만 아니라 국제연합은 이스라엘의 핵확산금지조약(Nuclear nonproliferation treaty, NPT)가입을 강제해야 한다고 주장했다.

지금까지 알려진 바에 의하면 핵확산금지조약 가입국으로서 핵을 보유한 나라는 미국, 러시아, 영국, 프랑스, 중국 그리고 비회원 국가이지만 인도와 파키스탄, 북한이 있다.

그렇다면 이스라엘은 이란의 주장대로 핵무기를 보유하고 있는 것일까? 이에 대해 이스라엘은 인정도 부정도 하지 않는 모호한 입장을 고수해 왔다. 그리고 이스라엘은 인도, 파키스탄, 북한과 함께 핵확산금지조약에 가입하지 않은 나라이기 때문에 국제원자력기구의 핵 사찰도 받지 않는다. 이스라엘의 이런 예외적 입장은 후견국인 미국의 비호로 잘 유지되어 왔다.

결론적으로 말하면, 이스라엘은 분명히 핵무기를 갖고 있다. 이스라엘의 핵에 대해 단언하는 이유는 바로 모르데카이 바누누(Mordechai Vanunu) 때문이다.

교도소 밖으로 나오는 모르데카이 바누누

2004년 4월 21일 오전 11시, 이스라엘 남부 아쉬켈론 쉬크마 형무소의 육중한 문이 열렸다. 하얀 셔츠에 짙은 색깔의 넥타이를 맨 모르데카이 바누누가 걸어 나왔다. 밖에서 초조하게 기다리고 있던 수백 명의 사람들을 향해 한 손을 높이 쳐들어 흔들어 보였다.

모르데카이 바누누는 약 17년의 형기를 마치고 마침내 출소했다. 1954년 북아프리카 모로코의 유대인 가정에서 태어난 모르데카이 바누누는 아홉 살 때 부모를 따라 이스라엘로 이주했다. 군 복무를 마치고, 1976년부터 10년간 디모나(Dimona)에서 핵 관련 기술자로 일했다. 이곳은 이스라엘에서 가장 검문검색과 경비가 엄격한 곳이다.

바누누는 디모나에서 근무하면서 핵 시설을 몰래카메라로 촬영하고 핵무기와 관련된 비밀 정보들을 수집했다. 그리고 호주로 건너가 그곳에서 만난 영국의 언론사 〈더 타임스 The Times〉 호주 특파원 피터 후남에게 이 자료들을 넘겨주었다.

1986년 10월 5일 〈더 타임스〉는 일요판 〈선데이 타임스 Sunday Times〉 1면에 '이스라엘 핵무기의 비밀'이라는 충격적인 특종 기사를 게재했다.

〈선데이 타임스〉는 상세한 기사와 함께 이스라엘 남부

선데이 타임스에 대서특필된 이스라엘 핵 시설 관련 보도

  네게브 사막 디모나 핵 시설을 촬영한 사진 57장과 정보 제공자의 인터뷰 기사도 실었다.

  이스라엘이 핵무기를 생산, 보유함은 물론 핵무기 발사·투하 수단을 갖추고 있으며, 디모나의 지하 공장에 설치된 플루토늄 분리 시설에서 해마다 40킬로그램 분량의 플루토늄을 생산하고 있다고 폭로했다. 또 사진을 면밀히 분석한 영국 핵무기 전문가들의 증언을 인용해 이스라엘이 보유한 핵무기가 최대 400개에 달할 것이라고 추정했다.

이로써 그동안 소문만 무성할 뿐 베일에 가려져 있던 이스라엘 핵무기가 세상에 드러났다. 그 실체와 증거를 제공한 사람이 바로 모르데카이 바누누였다. 영국에서 이스라엘 핵무기를 폭로한 모르데카이 바누누가 이스라엘의 형무소에 수감된 이유는 어이없게도 여자 때문이었다. 사실 모르데카이 바누누가 디모나의 핵 시설을 영국 언론에 폭로할 거라는 첩보를 이스라엘 정보기관 모사드는 이미 알고 있었다. 그래서 어떻게 해서든지 폭로를 막으려고 했다.

런던에 체류 중인 바누누는 레스터 스퀘어에서 혼자 있었다. 〈선데이 타임스〉 쪽에서는 바누누에게 어디든 절대

디모나에 있는 핵 관련 시설

로 혼자 다니지 말라고 충고했지만, 그는 그 말을 듣지 않았다. 영국 신문사에 넘긴 비밀 정보의 사실 여부가 확인되면 전 세계가 놀랄 만한 엄청난 일이 일어날 상황이었다. 핵 없는 평화로운 세상을 만들기 위한 위대한 여정이 될지, 아니면 조국과 민족을 배신한 배신자로 남게 될지 그의 마음은 무척 심란하고 복잡했을 것이다. 바로 그때 바누누에게 한 여성이 접근했다. 그녀는 자신의 이름은 신디이고 직업은 미용사, 휴가차 런던으로 여행을 왔다고 소개했다. 두 사람은 급격히 가까워졌다.

〈선데이 타임스〉는 신디와 데이트를 즐기는 바누누에게 혹시 이스라엘의 모사드일지 모르니 조심하라고 충고했지만, 이미 신디에게 마음이 빼앗긴 바누누였다. 바누누가 신디를 처음 만난 날, 모사드 요원을 태운 이스라엘의 배가 이탈리아를 향해 출발했다.

모사드 요원들이 이탈리아로 간 이유는 바누누가 곧 이탈리아로 갈 예정이기 때문이다. 신디는 바누누에게 자신의 오빠가 사는 로마로 여행 가자고 제안했고, 바누누는 신문사의 만류에도 불구하고 여인과 함께 로마에 갔다.

신디의 오빠가 살고 있다는 로마의 어느 집에 들어갔을 때 그곳에는 이스라엘의 모사드가 기다리고 있었다. 결국

1986년 9월 13일 로마에서 붙잡힌 바누누는 이스라엘로 압송되었고 반역죄로 18년을 선고받았다. 그해 10월 7일 쉬크마 형무소에 수감되었고, 형기를 마친 2004년 4월 21일 만기 출소했다. 바누누의 폭로로 이스라엘의 핵무기 실체가 세상에 공개된 것이다.

그렇다면 이스라엘은 왜, 언제부터 핵무기를 개발했을까? 이스라엘 건국의 아버지이자 초대 총리를 지낸 데이비드 벤구리온(David Ben Gurion)과 이스라엘 건국 지도자들은 핵무기 개발에 깊은 관심을 보였다.

제2차 세계 대전 당시 나치 독일의 아돌프 히틀러가 자행한 유대인 600만 명 학살이라는 참극을 경험한 그들은 이스라엘을 지키기 위해 '궁극적 억제력', 즉 핵무기를 보유해야 한다고 굳게 믿었다. 민족과 나라를 지키기 위해서는 그 누구도 넘볼 수 없는 강력한 힘이 필요하다고 생각했다.

건국 당시 이스라엘의 군사력은 미미했고, 이스라엘을 둘러싼 주변국은 아랍 국가들이었다. 북쪽으로는 시리아와 레바논, 동쪽으로는 요르단과 이란, 이라크가, 서쪽으로는 지중해 앞바다, 남쪽으로는 이집트가 있다. 주변국들은 한결같이 이스라엘의 건국을 반대했으며 어떻게 해서든 그들을 그 땅에서 쫓아내고 싶어 했다.

1948년 5월 14일 이스라엘이 건국하는 날 밤 주변 아랍 국가들은 이스라엘을 공격하기 시작했다. 이 전쟁이 '제1차 중동 전쟁' 또는 '이스라엘 독립 전쟁'이다.

건국을 선언하자마자 호되게 신고식을 치러야 했던 이스라엘은 건국 전부터 생각해 왔던 핵무기 개발에 대한 명분이 더욱 확고해졌다. 더 이상 미룰 수 없는 상황이었다. 더구나 주변 아랍 국가들의 군사력은 만만치 않았다.

이스라엘 북쪽에 있는 시리아는 4,156대의 탱크를 보유했는데 이는 2,200대를 보유한 이스라엘의 두 배가 넘는 숫자다. 이스라엘은 로켓 포대가 48개, 시리아는 582개가 있었다. 이스라엘 동쪽에 있는 요르단의 군사력은 미국에서 제작된 F-16 60여 대와 F-5 타이거2 등 전투기만 650여 대를 보유했고, 공격용 헬리콥터 코브라 40여 대까지 합치면 공군 화력은 막강한 수준이다. 영국에서 만들어진 챌린저 탱크 400대는 지상 공격에 대비하고 있었다. 무엇보다 요르단 특수부대는 아랍권에서 최고 수준의 조직력을 갖춘 것으로 평가받고 있다.

요르단 옆에 있는 이란은 정규군만 65만 명이고 예비군까지 합치면 93만 4천 명 정도다. 육군 14사단에 탱크가

1,650대, 1,400대의 항공기와 헬기, 398척의 군함과 33대의 잠수함을 보유하고 있다. 최근 몇 년 동안 강력한 탄도 장거리 미사일 샤하브를 탑재한 무기를 보유하고 있을 뿐만 아니라 현재 군 병력은 세계 8위다.

이라크는 정규군만 45만 명이다. 예전에는 중동에서 가장 현대화된 군대로 알려졌지만, 걸프전 때 사담 후세인 정권이 무너진 이후 정규군의 숫자가 절반으로 줄어들어서 45만 명이다. 또 걸프전 당시 3천 대였던 탱크와 대포도 다국적군의 공격으로 절반 넘게 파괴되었다. 공군은 옛 소련제 전투기 3백여 대를 보유하고 있지만 너무 낡고 부품 결함이 많아 절반가량은 실전에 투입하기 힘들다고 한다. 게다가 미국과 영국이 설정한 비행 금지 구역 때문에 조종사들이 제대로 훈련받지 못하고 있다.

이처럼 이라크 군사력이 걸프전 때에 비해 크게 약화되었지만 그렇다고 무시할 수준은 아니다. 우선 고도로 훈련된 공화국 수비대 8만 명이 건재하고 있다. 병력은 세계 9위이다. 문제는 역시 생화학 무기이다. 사린가스와 탄저균 등을 스커드 미사일 탄두에 실어 쏠 경우 엄청난 위협이 될 수 있기 때문이다. 현재 이라크가 스커드 미사일을 얼마나 보유했는지에 대한 정확한 정보는 없다. 다만 전문가들은 최소 20개에서 많게는 80개 정도로 추정할 뿐이다.

이스라엘 남쪽에 있는 이집트의 군사력은 어떨까? 2011년 기준으로 상비군은 468,000명, 예비군은 479,000명 정도다. 전차 4,400대, 장갑차 8,700대, 자주포 965대, 전투기 447대, 잠수함도 4척에서 8척 정도 보유한 것으로 알려져 있다.

이처럼 이스라엘 주변국의 군사력은 만만치 않다. 이에 맞서는 이스라엘의 군사력도 무시할 수 없다. 이스라엘 정규군은 176,500명, 예비군 445,000명, 전투기 243대, 훈련기 219대, 헬리콥터 143대, 탱크 2,620대, 장갑차 1,185대, 잠수함 6척을 보유하고 있다.

이스라엘의 군사력으로 주변국 한 나라를 상대하는 것은 어려운 일이 아니다. 하지만 중동 아랍 국가들의 특성상 절대로 한 나라만 공격하는 것이 아니라 여러 나라가 연합하여 이스라엘을 공격하면 상황은 다르게 전개된다.

1948년 5월 14일 이스라엘이 건국을 선언한 날 일어난 제1차 중동 전쟁만 보더라도 이집트와 요르단, 시리아, 레바논이 연합군을 이루어 이스라엘을 맹공격했다. 이스라엘은 동시다발적으로 공격해 오는 아랍 국가들과 상대해서 결국 승리했다. 하지만 동시다발적으로 공격해 오는 주변 아랍 국가들과의 전쟁에서 항상 승리할 수는 없을 것이다.

여기에 이스라엘이 핵무기를 만들 수밖에 없는 결정적인 일이 발생했다. 1956년 7월 쿠데타로 이집트를 집권한 나세르(Gamal Abdel Nasser) 정권이 영국과 프랑스가 건설한 수에즈 운하를 직접 관리할 뿐만 아니라 운하의 통행을 통제하겠다고 나선 것이다. 그러자 영국과 프랑스는 이스라엘이 먼저 이집트를 공격하면 그것을 명분 삼아 전쟁에 동참하겠다는 제안을 했다.

1956년 10월 29일에 이스라엘은 이집트를 공격했고 약속대로 영국과 프랑스는 이 전쟁에 참전했다. 이 전쟁이 제2차 중동 전쟁이다. 그런데 소련이 이 전쟁에 참전하면서 영국과 프랑스, 이스라엘이 공격을 당장 멈추지 않으면 핵무기를 사용할 수밖에 없다고 엄포를 놓았다. 처음에는 이집트로부터 수에즈 운하를 빼앗아야 한다고 강력하게 주장했던 영국과 프랑스는 이 전쟁에서 슬그머니 빠지고 이스라엘의 입장만 난처하게 되었다. 결국 이스라엘은 이 전쟁을 계기로 핵무기 보유를 결정하게 되었다.

제2차 중동 전쟁이 끝난 후 프랑스와 만난 자리에서 "우리 이스라엘이 프랑스의 제안에 따라 전쟁을 시작했고 함께 연합해서 싸웠다. 이제 프랑스가 이스라엘을 도와줄 차례다. 우리에게 핵무기를 만들 수 있는 기술을 지원해 달라"라고 부탁했다.

이스라엘은 이미 1952년 이스라엘 원자에너지위원회를 설립하고 이듬해 네게브 사막에서 발견한 우라늄 광석에서 우라늄을 추출하고, 원자로 감속재로 쓰이는 중수를 생산하고 있었다. 이로써 이스라엘은 핵무기 개발에 필요한 기본 물질을 모두 보유하게 된 것이다.

이스라엘의 요청에 따라 1956년 10월 말 이스라엘과 프랑스는 이스라엘 남쪽 디모나에 핵 시설을 건설하기 위한 비밀 협정을 체결했다. 곧 원자로 건설에 착수했고, 프랑스가 설계와 기술을 제공했다.

이스라엘은 디모나에 건설 중인 핵 시설을 직물 공장, 농기계 생산 공장 등으로 위장하며 철저히 숨겼다. 1958년 미국 첩보 정찰기 U-2의 항공사진 촬영으로 디모나의 핵 시설이 발각되고 말았다.

이스라엘은 강력히 부인했다. 1960년대 미국 핵 사찰단은 디모나를 여러 차례 방문했다. 핵 사찰단이 방문할 때마다 이스라엘은 이곳의 시설이 엉성하게 보이도록 위장했고 전문가들로 구성된 미국의 사찰단도 이렇게 엉성한 시설에서는 핵을 만들어낼 수 없다고 판단했다.

이제 미국의 핵무기 전문가들은 이스라엘의 핵무기 개발을 기정사실로 받아들였고, 1968년 미국 중앙정보국(CIA)은 한 보고서에서 이스라엘이 이미 상당수의 핵무기를 생산하고 비축해 놓았다고 결론 내렸다.

그렇다면 이스라엘은 핵무기를 얼마나 보유하고 있을까? 미국 과학·국제안보연구소의 데이비드 올브라이트 소장은 디모나에서 지금까지 생산한 플루토늄 양이 650킬로미터에 달할 것으로 추정한다. 이를 단순 계산하면 이스라엘이 생산한 핵무기는 최대 300개다. 1960~1970년대에 생산한 핵무기 중 상당수가 폐기 또는 신형으로 교체됐을 것

으로 예상되며 현재는 150개 정도로 추산하고 있다.

그런가 하면 미국 과학자 연합회(Federation of American Scientists, FAS)가 2000년 8월에 발표한 보고서에는 이스라엘의 연간 플루토늄 생산량을 20킬로그램으로 추정하고, 최대 200개를 보유한 것으로 계산했다. 또 지난해 말 일본에서 발표한 자료에 따르면 이스라엘은 1967년 15개를 보유한 것을 시작으로 1976년 20개, 1980년 200개 그리고 1997년 400개 이상의 핵무기를 보유하고 있다고 예상했다. 이 숫자가 맞는다면 이스라엘은 미국, 러시아에 이어 세계 3위의 핵무기 보유국이다.

핵무기를 생산 보유하면 운반 수단을 갖춰야 한다. 이스라엘은 육·해·공 전방위로 핵무기를 발사할 수 있는 능력을 갖추고 있다. '제리코Ⅱ' 미사일은 중동 전역은 물론 러시아까지 사정거리 안에 두고 있다. 2000년 독일에서 도입한 돌핀급 잠수함 3척은 수중에서 핵탄두를 장착한 크루즈 미사일을 발사할 수 있다. 그리고 F-16 등 핵무기 투하가 가능한 전폭기를 200대 이상 보유하고 있다.

이란도 역시 핵 개발을 한다는 것은 세상이 다 아는 사실이다. 이란의 입장은 이렇다. "이스라엘은 자신들이 보유한 핵무기에 대해서 명확한 입장을 밝히지는 않지만, 이스라엘이 핵무기를 갖고 있다는 것을 전 세계가 확신하고 있으니 당연히 우리도 핵무기를 가져야 한다."

이 부분에 대한 이스라엘의 입장은 이러하다. "이스라엘은 핵을 가져야 하지만 이란은 절대 가지면 안 된다."

이스라엘은 왜 이런 논리를 펼칠까? 이란의 제7대 대통령 마무드 아마디네자드(Mahmoud Ahmadinejad)는 지구상에서 이스라엘을 없애 버리고 이스라엘에 사는 모든 유대인을 지중해 앞바다에 수장시켜야 한다고 주장해 왔던 인물이다.

이란 군인들의 사열하는 모습

어떻게 해서든 이스라엘을 공격해서 멸망시키고 싶은데 핵을 갖고 있으니 쉽게 공격할 수가 없는 것이다. 그래서 핵을 보유한 이스라엘과 싸우려면 자기들도 당연히 핵을 가져야 한다고 주장하는 것이다. 이란과 상극인 사우디아라비아는 "이란이 핵을 개발해서 핵무기를 보유하게 된다면 우리 사우디아라비아도 가만히 있을 수 없다. 우리도 핵무기를 가져야 한다."라고 주장하고 있다.

그렇다면 우리는 이스라엘의 핵무기 보유에 대해서 어떻게 생각해야 할까? 이스라엘은 자신들이 보유한 핵은 공격용이 아니라 어디까지나 방어용으로 전쟁을 억제하는 용도, 최후 심판의 날 무기(Doomsday Weapon)라고 주장한다.

핵을 보유하면 아랍 국가들이 파멸을 무릅쓰면서까지 이스라엘을 공격할 수 없기 때문이다. 이스라엘의 핵은 공격용 무기가 아니다. 하지만 이란이 핵무기를 만들면 반드시 미국과 이스라엘을 향해 사용할 것이다.

어떤 사람들은 이스라엘은 핵을 보유하면서 이란은 안 된다고 주장하는 것이 너무 일방적이고 독선적이라고 말할 것이다. 만약에 이스라엘이 핵을 보유하지 않으면 어떻게 되었을까? 아마도 주변 아랍 국가들의 공격을 수십 차례 받았을 것이다. 이스라엘은 17억 이슬람의 소망대로 지구상에서 사라졌을지도 모른다.

하나님께서 이사야서 54장 7절에 "내가 잠시 너를 버렸으나 큰 긍휼로 너를 모을 것이요"라고 하신 약속의 말씀이 2천 년 만에 성취되고 이스라엘이 다시 세워졌다. 주변 이슬람 국가들에 의해 이스라엘이 패망하고 또다시 흩어질 수는 없는 일이다.

태초에 하나님께서 창조하시고 보시기에 참 좋았더라고 하신 이 지구에 애당초 핵이 만들어지지 않았다면 참 좋았을 것이다. 하지만 불행하게도 지금 전 세계에는 엄청난 양의 핵무기가 존재하고 있다. 2018년 3월 16일 미국 CNBC 방송에 따르면, 미국 6,800개, 러시아 7,000개를 포함해서

세계의 핵무기 보유 개수

모두 14,500개의 핵무기가 존재한다고 보도했다.

1945년 8월 9일 제2차 세계 대전 당시 일본 히로시마에 투하되었던 단 하나의 핵폭탄으로 16만 6천 명이 사망했다. 그로부터 70여 년이 지난 지금 핵무기의 성능은 그때보다 발전했을 것이다. 그런 핵무기가 자그마치 14,500개가 지구상에 존재한다는 것은 참으로 끔찍한 일이다.

지구상에 존재하는 핵무기의 10분 1이라도 사용된다면 이 세상은 어떻게 될까? 1914년 제1차 세계 대전으로 약 8백 2십만 명 정도가 사망했다. 20년 뒤에 벌어진 제2차 세계 대전에서는 약 5천 2백만 명의 사상자가 발생했다. 핵무기 한두 개만 사용되도 상상할 수 없을 만큼 끔찍한 결과를 초래할 수밖에 없다.

사람들은 국제연합의 역할로 세계 평화를 이룰 수 있다고 생각하지만, 《성경》은 분명히 엄청난 전쟁이 일어날 것을 예언하고 있다. 이 전쟁은 인류의 3분의 1인 22억 명의 목숨을 앗아갈 것이다. 이는 제2차 세계 대전 사상자의 42배에 달하는 숫자다.

실제로 러시아의 푸틴 대통령은 연례 질의 시간에 "제3차 세계 대전에 어떤 무기가 사용될지 모르지만, 제4차 세계 대전은 막대기와 바위로 싸워야 할 것이며 제3차 세계 대전은 문명의 종말일 것이다"라고 말했다.

> "나팔 가진 여섯째 천사에게 말하기를 큰 강 유브라데에 결박한 네 천사를 놓아 주라 하매 네 천사가 놓였으니 그들은 그 년 월 일 시에 이르러 사람 삼분의 일을 죽이기로 준비된 자들이더라"(계 9:14-15)

요한계시록은 다가오는 큰 전쟁으로 인류의 3분의 1이 죽고, 유프라테스강 주변에서 이 전쟁이 일어날 것을 예언했다. 그 시점을 알 수는 없지만 이러한 전쟁이 벌어진다는 것은 의심할 여지가 없다.

터키와 시리아, 이란, 이라크 4개의 나라 모두 지금 이스라엘과 분위기가 심상치 않은데, 특히 이란이 그렇다. 그래서 우리는 이란의 핵무기 무장에 대해 예의주시하며 지켜봐야 한다.

미국 엔타임 미니스트리(EndTime Ministries)의 어빈 백스터(Irvin Baxter) 목사는 "우리는 지금 마지막 때를 향해 달려가는 것이 아니라, 마지막 때에 살고 있습니다"라고 말했다. 마지막 때를 살아가는 우리는 그 어느 때보다도 더욱 하나님만 바라보며 하나님의 품 안으로 들어가 거룩하고 성결한 삶을 살아야 할 것이다.

07

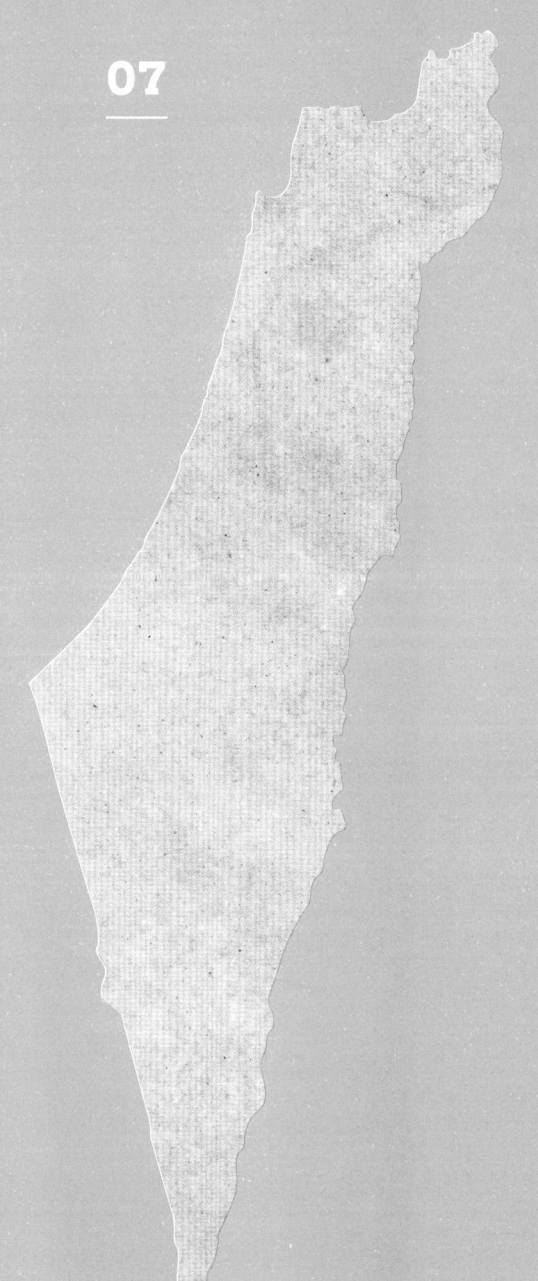

공포의
사이렌이
울릴 때

2018년 11월 12일 이스라엘의 〈하아레츠 Haaretz〉 신문은 이스라엘군이 전투기, 헬리콥터, 탱크 등을 동원해 가자지구의 팔레스타인 무장정파 하마스와 이슬람 지하드의 테러 목표물 20여 곳을 타격했고, 이번 공습으로 팔레스타인 3명이 숨지고 9명의 부상자가 생겼다고 보도했다.

우리나라 언론도 이 뉴스를 그대로 보도했다. 〈하아레츠〉 신문은 이스라엘군이 왜 하마스를 공격했는지에 대한 배경을 자세하게 다루었지만, 우리나라 언론은 이스라엘이 팔레스타인 가자 지구를 공습해서 3명이 사망했다는 사실만 헤드라인으로 뽑았다. 그리고 이스라엘군의 폭격으로 폐허가 된 가자 지구의 건물과 공포에 떨고 있는 한 여인과 어린아이의 모습을 관련 사진으로 게재했다.

이 뉴스를 본 한국의 시청자와 신문 구독자들은 이스라엘을 비난할 수밖에 없다. 그러나 우리는 매스컴에서 자세하게 다루지 않은 이면을 볼 필요가 있다. 이스라엘군이 왜 가자 지구를 공격했는지 그 배경과 가자 지구의 팔레스타인 사람들이 당하는 고통 못지않게 이스라엘 사람들이 어떤 고통을 겪고 있는지 생각해 보아야 한다.

먼저 11월 12일에 이스라엘군이 가자 지구 하마스를 공격하기 전에 무슨 일이 있었는지 가자 지구 인근 마을의 상황을 시간별로 살펴보면 다음과 같다. 같은 날 오후 4시 20분, 이스라엘 아쉬켈론에 귀를 찢는 듯한 사이렌 소리가 온 시내를 뒤덮었다. 가자 지구에서 날아 온 로켓이 아쉬켈론에 떨어져 3명의 부상자가 발행했다. 그리고 오후 4시 43분에 크파르 아자 지역에도 사이렌이 울렸다. 곧이어 가자 지구에서 날아 온 박격포가 도로에 주차되어 있던 이스라엘 버스에 떨어져 폭파됐다.

다행히 버스에는 아무도 타고 있지 않아서 19세 남자만 부상을 입었다. 또다시 오후 4시 49분 가자 지구 국경 인근 5개 마을에 사이렌이 동시에 울리면서 하마스가 쏜 로켓포가 날아왔다. 5시 12분 이스라엘 남부 스데롯의 주택이 가자 지구에서 날아온 로켓에 폭격을 당한다, 그리고 5시 47분 하마스 무장 세력은 이스라엘에 대한 공격을 시작한다고 발표했다.

이때까지 3백여 발의 로켓포가 가자 지구 인근의 이스라엘 마을과 도시로 날아왔다. 6시 20분 베냐민 네타냐후 총리는 가자 지구 상황에 대한 대처 방안을 의논하기 위해 관계 부처장들을 긴급 소집했다. 6시 26분 또다시 가자 지구에서 날아 온 3발의 로켓이 네티봇의 공공건물에 떨어졌다.

6시 37분 이스라엘군은 가자 지구 공격을 결정하고 작전이 시작되었다. 이스라엘의 공격이 시작되자마자 하마스 내무부 감독관 아비 압달라 라피의 사택이 폭격 받았다. 6시 47분 팔레스타인 해방대중전선 대원 2명이 사망했다. 8시 25분 이스라엘군 대변인은 항공기와 탱크 등으로 가자 지역 70여 군데에 흩어져 있는 하마스 및 이슬람 지하드의 표적들을 공격했다고 발표한다.

그 이후에도 하마스는 이스라엘을 향해 간간이 로켓을

발사하지만, 대부분 이스라엘 아이언 돔에 의해 공중에서 폭파되었다. 밤 10시 40분 이스라엘군은 "하마스가 이미 레드 라인을 넘었다. 이스라엘은 강경 대응할 것이다"라고 발표한다.

그렇다면 하마스의 로켓포 공격을 받은 가자 지구 인근 마을의 상황은 어떨까? 밤 11시 36분 샤아르 하네게브, 아쉬켈론, 스데롯에서 발생한 34명의 부상자를 긴급하게 병원으로 이송했다. 이스라엘 군인 1명은 중상을 입었고, 9명은 보호 구역으로 달려가던 중 경상을 입었다. 12명은 정신적 고통을 호소하며 대피소를 찾지 못해서 안전지대로 옮겼다.

밤 12시 28분 이스라엘 남부 도시 아쉬켈론에서 하마스의 로켓 공격으로 중상을 입은 60대 여성, 40세의 남성과 20대 두 여성은 부상, 90세 여성과 40세 두 남성은 로켓이 터진 후 발생한 연기를 흡입해 호흡 장애를 일으켰다. 새벽 1시 10분 바르질라이 의료 센터에는 67명의 부상자가 속속 들어왔다. 그중 27명은 응급 치료를 받고 퇴원했지만, 나머지는 응급실에서 계속 치료를 받아야 했다.

새벽 1시 48분 아쉬켈론의 부서진 건물에서 60세 남성이

하마스의 공격으로 파괴된 이스라엘 건물

사망한 채 발견되었고, 1시 56분 무너진 한 건물에서 남성과 여성이 구조되었다. 6시 40분 10명의 부상자가 소로카 의료 센터로 이송되었고, 오전 7시 49분 이스라엘군 대변인은 간밤에 가자 지구 하마스와 이슬람 지하드 테러 조직 소유의 건물을 공격했다고 발표했다.

이것이 11월 12일과 13일 사이에 이스라엘 남쪽 지역과 가자 지구에서 일어난 일들이다. 이스라엘이 먼저 하마스를 공격한 것이 아니라 하마스가 먼저 이스라엘 민간인 지역을 향해 3백여 발의 로켓포를 발사한 것이다. 가자 지구 하마스가 이스라엘을 향해 로켓포를 발사한 사건은 이날뿐만이 아니다.

이전에도 하마스는 이스라엘을 향해 꾸준히 로켓포를 발사했다. 단지 그런 사실을 우리가 모르고 있었을 뿐이다. 올해 발사된 날 중에 많은 양의 로켓포가 날아온 날만 살펴보면, 2018년 5월 29일 70발, 7월 14일 174발, 11월 11일 17발, 11월 12일 3백여 발이 날아왔다.

2017년에는 날아오지 않았을까? 아니다. 가자 지구 하마스가 이스라엘을 향해 쏜 로켓포의 숫자에 대해서 일일이 열거할 수조차 없다. 단 한 차례도 로켓포를 쏘지 않은 달이 없었다.

왜 가자 지구 하마스가 쏜 로켓포에 이스라엘 민간인들이 피해를 보는 것일까? 가자 지구 하마스가 쏘는 로켓포는 그다지 성능이 좋지 않다. 특정한 장소를 향해 정밀하게 날아가서 폭격하는 유도장치가 없다. 그저 발사한 로켓포가 그 자리를 박차고 날아올라 이스라엘 쪽으로 향하기만 하면 되는 정도다.

이 로켓포는 민간인 지역이든 이스라엘 군부대든 상관하지 않고 랜덤으로 떨어지기 때문에 민간인들이 피해를 입는 것이다. 로켓포가 날아오면 대피를 알리는 긴급 사이렌이 울린다. 사이렌이 울리면 최대한 빨리 가장 가까운 대피소로 이동해야 한다.

대피 시간은 지역마다 조금씩 다르다. 어떤 지역은 사이렌 소리가 들리면 곧바로 대피해야 하고, 지역에 따라 15초, 30초, 45초, 1분 이내에 대피해야 하는 지역도 있다.

텔아비브에 사는 사람들은 사이렌 소리가 들리면 90초 이내에 대피소로 이동했지만, 최근에 1분 이내로 바뀌었다고 한다. 이스라엘은 이렇게 지역별로 대피 시간을 촘촘하게 세분화했다. 현재는 258개 구역으로 나누어져 있고, 앞으로는 3천 개의 구역으로 나눌 예정이라고 한다. 지역을 세분화하면 로켓이 떨어질 만한 곳에만 경보가 울려서 훨씬 더 경제적이고 효율적이라고 한다.

예를 들면, 가자 지구에서 약 1.5킬로미터 떨어진 스데롯에 사이렌이 울리면 뛰어서 15초 안에 들어갈 수 있는 대피소를 곳곳에 만들어 놓았다. 대피소는 언제든지 들어갈 수 있도록 항상 열려 있으며 그 안에서 며칠 동안 먹고 잠잘 수 있는 비상식량과 구호 물품이 준비되어 있다. 대피 사이렌 소리에 익숙할 법도 한 이스라엘 사람들이지만 여전히 그들은 사이렌이 울리면 두려워한다.

늘 사이렌 소리에 귀 기울여야 하고, 사이렌이 울리면 15초 내에 대피소로 뛰어가야 하는 상황에서 일상생활을 제

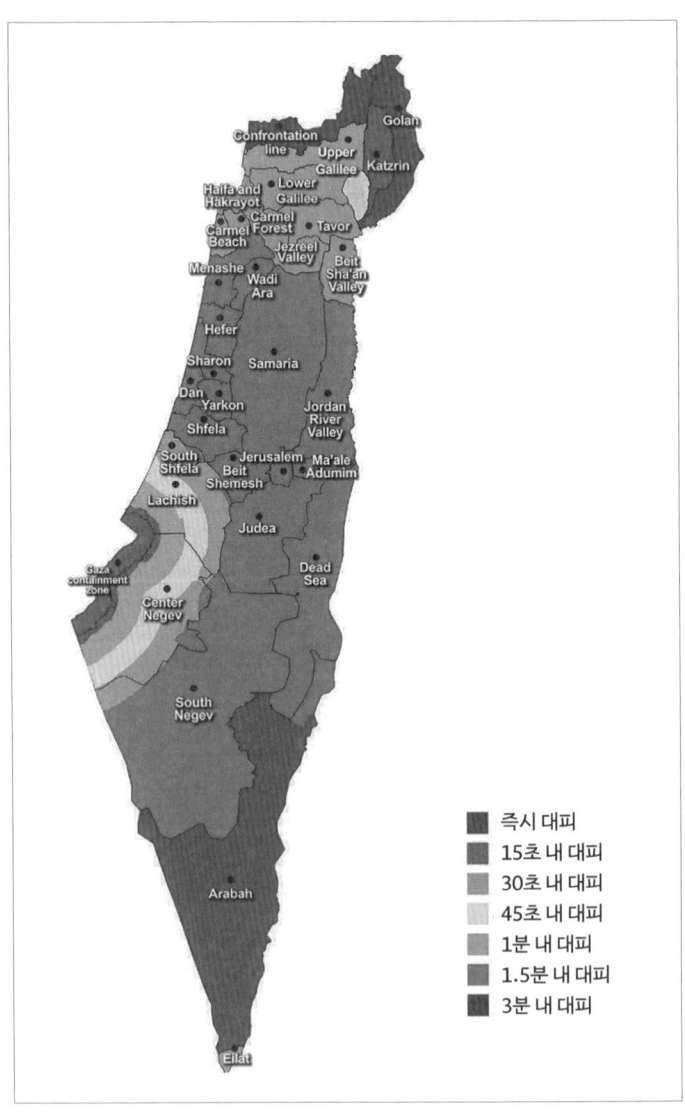

지역별로 대피 시간을 알려주는 표

대로 할 수 없을 것이다. 더구나 로켓포가 자기 집으로 날아올지, 수업 중인 학생들의 교실로 날아올지, 타고 가는 버스 위로 날아올지 모르는 상황에서 느끼는 공포감은 극에 달할 것이다.

이곳에 사는 아이들이 겪는 심리적 트라우마는 우리로서는 상상조차 할 수 없다. 하바 갓이라는 42세 유대인 어머니는 자신의 9세 아들이 혼자 자는 것을 두려워하고, 아침에 침대에서 일어나면 땀에 흥건히 젖어 있고, 아이는 마당에 누워 흙을 덮는 기이한 행동까지 한다고 증언했다.

테러와 전쟁 희생자들을 위한 이스라엘 외상센터 연구에 따르면, 가자 지구 인근의 스데롯 거주자의 56퍼센트가

사이렌 소리에 대피하는 이스라엘 시민들

극심한 정신적 고통, 즉 트라우마를 겪고 있다고 발표했다. 특히 13~18세 사이의 청소년 중에 3분의 1은 외상 관련 학습 장애가 있다고 한다.

그렇다고 해서 사는 마을과 도시를 떠날 수는 없다. 하마스의 로켓포가 두려워 마을을 떠난다는 것은 결국 하마스에 굴복하는 것이기 때문이다. 이는 하마스가 원하는 것으로 절대로 하마스를 두려워하지 않는다는 것을 끝까지 남아있는 것으로 보여 줘야 한다고 주장한다.

가자 지구에 사는 민간인들은 테러 조직 하마스와는 다르게 평화롭게 살기를 원한다. 그들은 하마스가 이스라엘 민간인 지역에 랜덤으로 로켓포를 쏘아대는 사실을 모르고

로켓포를 쏘는 하마스 대원

있다.

이스라엘군이 대응 차원으로 하는 공격만 보고 이스라엘에 대한 분노와 원망과 저주의 마음을 갖는 것이다. 가자 지구의 아픔을 바라볼 때 가자 지구 민간인들과 가자 지구를 장악하고 있는 테러 조직 하마스와는 분명하게 구별해야 한다.

우리는 이스라엘과 가자 지구 팔레스타인 민간인들을 위해 기도해야 한다.

첫째, 팔레스타인 민간인들의 고통과 아픔이 치유되도록, 그들이 이스라엘을 원망하기보다는 악행을 저지르고 있는 하마스의 실체를 제대로 파악할 수 있도록 기도해야 한다.

둘째, 이스라엘을 향한 하마스의 공격은 정의를 위한 것도, 평화를 위한 것도 아니다. 하마스의 테러는 이스라엘 민간인과 가자 지구 민간인 모두에게 아픔과 고통뿐이라는 것을 그들이 깨달을 수 있도록 기도해야 한다.

셋째, 언제 어디서 로켓포가 날아올지 모르는 불안 속에서 시도 때도 없이 울리는 대피 사이렌 소리에 정신적 고통을 받고 있는 이스라엘 사람들을 위해 기도해야 한다. 하나님께서 약속하신 약속의 땅으로 돌아온 것을 후회하지 않고 예레미야서 30장 18-19절 말씀을 이루며 살아야 할 것이다.

> "여호와께서 말씀하시니라 보라 내가 야곱 장막의 포로들을 돌아오게 할 것이고 그 거처들에 사랑을 베풀 것이라 성읍은 그 폐허가 된 언덕 위에 건축될 것이요 그 보루는 규정에 따라 사람이 살게 되리라 그들에게서 감사하는 소리가 나오고 즐거워하는 자들의 소리가 나오리라 내가 그들을 번성하게 하리니 그들의 수가 줄어들지 아니하겠고 내가 그들을 존귀하게 하리니 그들은 비천하여지지 아니하리라"

넷째, 이 말씀이 그 땅에서 실현되고 있다는 것을 그들이 직접 경험하며 목격하고 그로 인해 감사하며 즐거워할 수 있도록 기도해야 한다.

다섯째, 특히 가자 지역 인근에 사는 어린아이들을 위해 기도해야 한다. 전쟁과 폭격의 공포 속에서 두려움에 사로잡힌 삶을 사는 어린아이들을 하나님께서 치유하고 위로해 주셔서 편하게 잠자리에 들 수 있도록 기도해야 한다. 아이들의 마음속에 분노와 원망이 아닌 하나님의 사랑과 하나님의 정의를 깨달아 이스라엘의 평화와 인류의 평화를 위해 일하는 인물로 성장할 수 있도록 기도해야 한다.

여섯째, 인간적인 동정심과 연민의 마음으로 가자 지구 팔레스타인 아랍인들만 불쌍히 여기고 이스라엘군을 잔혹하고 파괴적인 관점에서 뉴스를 보도하는 세계의 언론들이 현상적인 것만 보도하지 않고 근본적인 원인을 분석해서 왜 이런 일들이 일어날 수밖에 없는지를 제대로 보도할 수 있도록 기도해야 한다.

잘못된 뉴스와 보도로 인해 한국 국민들이 이스라엘에게 적대감을 느끼지 않아야 한다. 오히려 테러 조직인 하마스의 실체를 제대로 파악해야 할 것이다. 그들은 평화를 원하는 가자 지역 민간인들 사이에서 사라져야 한다.

그리스도인들이라고 해서 하마스의 실체를 제대로 아는 사람은 그다지 많지 않다. 이스라엘을 위해 기도하고 이스라엘을 사랑하는 이들이라면 이런 뉴스가 보도될 때마다 곤혹스러울 것이다. 잔인한 이스라엘을 위해 기도하는 것이 과연 옳은가? 이렇게 잔인한 이스라엘을 사랑할 수 있는가? 주변에서 이런 비난을 받을 수도 있다. 이럴 때일수록 이스라엘의 상황과 진실을 주변 사람들에게 알려야 한다.

08

이스라엘군은 가자 지구 민간인을 학살했을까?

2018년 5월 14일, 예루살렘에서는 이스라엘 건국 70주년을 맞이하여 미국 대사관을 텔아비브에서 예루살렘으로 이전하고 개관식을 했다. 가자 지구 국경에서는 이에 항의하는 가자 지구 팔레스타인 아랍인들과 이스라엘 군인 간의 충돌이 일어났다. 언론에서는 이 충돌로 인해 가자 지구 팔레스타인 60여 명이 사망했다고 보도했다.

뉴스를 본 많은 이들은 이스라엘을 비난했다. 이날 가자 지구 국경에서 발생한 충돌에 대한 국내 언론 기사를 살펴

보면 이러하다.

〈뉴스타운〉에서는 5월 15일 기사를 통해 이스라엘 텔아비브 주재 미국 대사관 예루살렘 이전을 둘러싸고 팔레스타인 자치 지구에서 14일 항의 시위대에 이스라엘군이 발포해 어린이들을 포함 최소 58명이 사망하고, 2,700명 이상이 부상을 입는 등 사태가 매우 커졌다고 보도했다. 〈한겨레21〉에서도 이스라엘의 실탄 사격으로 시위에 나선 팔레스타인 주민 58명이 숨지고, 1,360명이 다쳤다고 보도했다. 같은 날 〈조선일보〉는 이스라엘의 총격으로 오후 4시 기준으로 최소 41명이 숨지고, 1천여 명이 부상을 입었다고 보도했다. 〈동아일보〉에서는 오후 5시 기준으로 최소 43명이 숨지고, 1,600여 명의 부상자가 발생했고 사망자 중에는 미성년자도 다수 포함된 것으로 알려졌다고 보도했다.

이 기사들을 살펴보면 부상 입은 사람들의 숫자가 서로 다르다는 것을 알 수 있다. 언론마다 가자 지구의 피해 상황이 서로 다른 이유는 팔레스타인 시위대 사망자 숫자와 부상자 숫자를 발표한 주체가 가자 지구 보건당국이기 때문이다.

가자 지구의 피해 규모를 이스라엘 측에서 발표한 것이 아니라, 하마스의 일방적인 발표에 따른 것이기 때문이다.

서방 언론들은 하마스의 발표만을 근거로 해서 많은 팔레스타인 사람이 사망했다고 보도한 것이다.

* 뉴스타운 기사
* 가자지구 충돌을 보도한 동아일보

하마스의 이런 발표를 과연 믿을 수 있을까? 하마스는 가자 지구에서 많은 사람이 희생당했다고 발표했다. 그리고 여러 구의 시신이 하얀 천에 덮여 누워있는 동영상을 공개했다. 이 동영상을 자세히 들여다보면 하얀 천에 덮인 시신들이 꼼지락거리는 것을 확인할 수 있다. 심지어 하얀 천을 들어 올리고 누워있는 사람과 웃으며 대화까지 나눈다. 하얀 천에 덮인 것은 시신이 아니라 살아있는 사람이다. 그뿐만 아니라 이 동영상이 5월 14일 가자 지구 시위대 희생자들의 모습인지, 아니면 그 전에 촬영한 것인지도 확실하지 않다.

* 하얀 천에 덮혀 있는 가자지구의 시신들 그러나 이 시신들이 모두 진짜일까?
* 하얀 천을 걷고 웃고 있는 사람, 모두 가짜이다

이 영상은 전 세계 사람들에게 이스라엘 군인들이 가자 지구 팔레스타인 사람들을 무차별 학살했다는 것을 믿게 하려고 조작한 것이다. 하마스의 이런 영상 조작은 이것이 전부가 아니다.

아래 사진은 이스라엘 군인이 총을 들고 팔레스타인 어린이의 배를 군홧발로 짓밟고 있는 장면이라고 하마스가 소개한 것이다.

군홧발에 짓밟힌 소녀 옆에는 아이의 엄마인 듯한 여인이 망연자실한 모습으로 앉아있다. 이 사진이 사실이라면

어린아이를 짓밟고 있는 군인, 팔레스타인 측은 이 군인이 이스라엘 군인이라고 주장했다

이스라엘 군인은 비난받아 마땅하다. 이 사진 역시 SNS를 타고 전 세계로 퍼져 나갔고 이스라엘군을 비난하기 시작했다. 하지만 이 사진을 자세히 들여다보면 군인이 들고 있는 AK-47 총은 이스라엘군에서는 사용하지 않는 것이다. 그리고 군인이 입고 있는 군복의 재킷 아랫부분이 벌어져 있다. 이스라엘 군인의 군복은 아래 끝부분까지 지퍼로 잠그게 되어 있다. 군복만 봐도 이스라엘 군인이 아니라는 것을 알 수 있다.

이 사진 역시 가짜이다

그렇다면 이 군인은 누구일까? 군인의 가슴에 어설픈 이스라엘 국기를 부착하고 있다. 바로 하마스가 팔레스타인 어린이를 발로 밟고 있는 것이다. 그 뒤에는 팔레스타인 아랍인들이 앉아서 이 장면을 아무렇지도 않다는 듯이 지켜보고 있다.

또 다른 영상에서는 하마스의 영상 조작이 좀 더 발전한 것을 볼 수 있다. 가자 지구의 한 거리에서 폭격당해 자동차에 불이 붙고 여러 사람이 다친 사람을 응급조치하고 어떤 사람은 두 손을 높이 들고 누군가에게 도움을 요청한다.

이 장면만 보면 이스라엘 군인들에 의해 공격받은 가자 지구 민간인들의 처참한 모습이라고 생각할 것이다. 하지만 이 장면을 몇 초 전으로 되돌려보면 상황은 달라진다.

아무도 없는 골목길에 주차된 자동차에 어떤 사람이 문을 열고 뭔가를 설치한 후 다른 차를 타고 골목을 빠져나가자 자동차는 큰 화염과 함께 폭발한다. 그리고 몇몇 사람이 달려와 마치 폭격으로 희생당한 것처럼 여기저기 쓰러지고 드러눕는다.

어떤 사람은 두 손을 높이 들고 도와달라고 하는데 하마스는 이 장면부터 촬영해서 전 세계로 영상을 내보냈다. 이 영상을 본 세계인들은 이스라엘을 비난하고 가자 지구 팔

* 자동차에 불을 붙이는 남자
* 불을 붙이던 남자가 떠나가고
** 잠시 후 폭발하는 자동차
** 폭발 현장으로 달려오는 사람들
*** 달려온 사람들이 여기 저기 쓰러지고
*** 해외 뉴스에는 이렇게 공격당한 것처럼 꾸민 화면만 보도된다

레스타인 아랍인들에게 동정심을 갖게 되는 것이다.

또 다른 영상에서는 폭격당한 가자 지구 팔레스타인 어린이들이 피를 흘리는 참혹한 장면과 어떤 남자들은 상처를 입고 길거리에 주저앉아 있다. 정말 어린이들이 이스라엘 군인들로부터 공격받아 이 지경이 되었을까? 놀랍게도

이 화면은 특수 분장사들이 물감과 분장 도구로 상처 입은 것처럼 꾸민 것이다. 그야말로 할리우드 분장 수준이다. 이것을 팔레스타인(Palestine)과 할리우드(Hollywood)의 합성어인 폴리우드(Pollywood)라고 부른다.

* 어린아이에게 폭격을 당한 것처럼 분장하고 있는 모습
* 분장을 마친 가자 지구 사람들

5월 14일 〈경향신문〉은 '중동 평화의 파괴자로 전락한 미국'이라는 제목의 사설에서 "소셜 미디어를 통해 유포된 영상을 보면, 이스라엘군은 어린이와 노약자가 포함된 무방비 상태의 시위대에 실탄을 발사했고, 저격수가 도망치는 시위자들을 향해 총격을 가하기도 했다. 전쟁범죄나 다름없는 용서할 수 없는 만행이고 가자 지구 민간인을 향해 무차별 총격을 가한 전쟁범죄자"라고 썼다.

경향신문

오피니언

[사설]중동 평화의 파괴자로 전락한 미국

입력 : 2018.05.15 21:09:01 | 수정 : 2018.05.15 21:10:30

미국이 이스라엘 주재 자국 대사관을 예루살렘으로 옮긴 14일(현지시간) 팔레스타인 시민 최소 58명이 숨지고 2700여명이 부상당했다. 팔레스타인 시민들의 항의시위를 이스라엘군이 진압하는 과정에서 대규모 유혈사태가 발생한 것이다. 이스라엘군이 비무장 민간인 시위대에 실탄을 발사하며 무차별 진압에 나서면서 팔레스타인 자치령인 가자지구는 핏빛으로 일룩졌다. 소셜미디어를 통해 유포된 영상을 보면 이스라엘군은 어린이와 노약자가 포함된 무방비 상태의 시위대에 실탄을 발사했고, 저격수가 도망치는 시위자들을 향해 총격을 가하기도 했다. 전쟁범죄나 다름없는 용서할 수 없는 만행이다.

경향신문 사설

이 사설을 쓴 사람은 현장의 사실 여부를 확인했을까? 〈경향신문〉은 사설에서 밝혔듯이 소셜 미디어를 통해 이 정보를 얻었다고 했다. 소셜 미디어에 사진과 영상을 올린

이들은 당연히 가자 지구 하마스이다.

소셜 미디어에 돌아다니는 끔찍한 사진들을 보면, 가자 지구의 청소년들이 이스라엘 군인들의 공격을 피해 죽기 살기로 숨 가쁘게 도망가는 모습이다. 이 사진 역시 SNS를 타고 전 세계로 퍼져 나가면서 국제 사회의 공분을 샀다.

* 뭔가에 놀라 필사적으로 도망가는 가자 지구의 아이들
* 그러나 사진을 확대해 보면 상황은 달라진다

이 사진을 보면 이스라엘 군인은 전쟁범죄자이고, 불쌍한 가자 지구의 팔레스타인 청소년과 민간인들이 피해자라는 생각이 들지 않을 수 없다. 그러나 사진 원본을 보면 상황은 많이 달라진다. 죽기 살기로 도망치는 청소년들 옆에는 다른 청소년들이 모여 있고 심지어 어떤 아이들은 이 장면을 보고 웃기까지 한다. 이 사진 역시 조작된 것이다.

물론 시위 현장에서는 꽤 많은 팔레스타인 어린이들이 희생당한다. 이스라엘 군인들이 팔레스타인 어린이들이 모여 있는 곳만 찾아다니며 총격을 가하는 것일까?

필자는 그동안 이스라엘과 팔레스타인의 갈등 현장을 취재하기 위해 꽤 많은 시위 현장을 찾아다녔다. 그곳에서 내 눈을 의심할 수밖에 없는 놀라운 일이 벌어지는 것을 확인할 수 있었다. 팔레스타인 시위대는 대열 맨 앞에 어린이들을 세웠다.

심지어는 맨 앞에 서기 싫어하는 어린이들을 강제로 떠밀기까지 했고, 아이가 무서워서 도망가면 붙잡아서 세우기도 했다. 하마스는 왜 이러는 것일까? 희생당하는 어린이들이 카메라에 잡혀서 그 사진이 전 세계로 퍼트려지기 원하기 때문이다. 심지어 하마스는 이스라엘을 향해 로켓포를 발사할 때 주변에 어린아이들을 모아놓고 도망가지 못

* 팔레스타인 시위대는 항상 어린이들을 앞장세운다
** 팔레스타인의 시위 현장 맨 앞에는 항상 어린이들이 있다
** 팔레스타인 시위 현장에 취재 중인 아랍 카메라맨

하게 묶은 후 정작 자신들은 그 자리를 피한다.

그래야 이스라엘의 반격이 있을 때 아이들이 희생당하고 하마스는 희생당한 아이들의 모습을 전 세계에 공개할 수 있고, 이스라엘 군인들의 반인륜적인 행태라고 비난할 수 있기 때문이다.

비도덕적이고 반인륜적인 장면들은 어떻게 카메라에 담기고 전 세계로 퍼져나가는 것일까? 방탄조끼와 방탄모를 착용한 여러 언론사 카메라 기자들이 시위 현장을 촬영해서 각 언론사에 보내면 보도되는 것이다.

카메라 기자들은 이스라엘과 팔레스타인 갈등의 진실을

알리기 위해 취재하고 보도할까? 그렇지 않다. 이 카메라 기자들 대부분은 아랍 국가들에서 온 사람들이다. 그들은 이스라엘 군인들에 의해 팔레스타인 희생자들이 최대한 많이 나오기를 기다리고 있다가 어린아이들이 다치거나 피를 흘리면 부지런히 카메라 셔터를 누르기 시작한다.

이들이 아랍 국가에서 온 기자들이라고 단정할 수 있는 이유는 취재하다가도 시간이 되면 한결같이 카메라를 땅에 내려놓고 메카를 향해 엎드려 기도하는 모습을 수시로 목격했기 때문이다.

왜 이스라엘 군인들과 하마스 간의 군사적 충돌 과정에서 유독 많은 어린이와 여성들이 희생당하는 것일까? 그 이유는 하마스가 로켓포를 쏠 때 어린이와 여성들을 인질로 삼기 때문이다. 그나마 다행스러운 것은 최근 들어 가자 지구 폭동과 유혈사태에 대한 진실이 드러나고 있다는 것이다. 가자 지구에서 사망한 60명 중 50명은 하마스 요원이라고 하마스 장교 살라 바르다윌이 시인하였다.

세계 언론이 보도한 것처럼 국경 장벽을 따라 산책 나온 평화로운 시위대가 아니라는 것이다. 이스라엘은 사망자 중 최소 24명이 무장단체 소속이라고 말했지만, 국제 언론은 믿지 않았다. 미디어에 노출할 목적으로 수십 명의 젊은 이를 자살 테러로 내모는 하마스가 모든 죽음에 책임이 있다는 것을 보여 주는 몇 가지 사실이 있다.

5월 14일 〈워싱턴 포스트 Washington Post〉는 "가자 지구 동쪽 집결지에서 시위를 조직한 이들이 시위대에게 이스라엘 군인들은 도망갈 것이니 장벽을 뚫고 가라고 재촉했다"라고 보도했다.

하마스 공동설립자 마흐무드 알-자하르(Mahmoud al-Zahar)는 아랍계 언론 〈알 자지라 Al Jazeera〉와의 인터뷰에서 "최근 국경에서의 팔레스타인 폭동은 이슬람 무장단체의 전사들이 무기 지원을 받아서 일으킨 것이며 우리가 '평화로운 저항'이라고 말한 것은 대중을 속이기 위한 것이다"

라고 말했다.

 하마스는 지금도 전 세계 언론과 인류를 상대로 어마어마한 미디어 사기를 벌이고 있다. 하지만 한국을 비롯한 전 세계 언론은 사실 확인을 위한 노력은 하지 않는 듯하다. 가자 지구 국경에서 희생당하는 팔레스타인 아랍인들은 아무 힘이 없는 민간인이 아니며 그들 중에 상당수는 하마스 무장 요원이다. 그들 중에는 억지로 끌려 나온 힘없는 민간인들과 총알받이로 내몰리고 있는 어린아이들이 있다는 사실을 알아야 한다.

 그리고 하마스는 자기들이 큰 피해를 입었다고 주장하며 그 증거로 조작된 영상과 사진들을 SNS를 통해 전 세계에 퍼트리고 있다. 아랍계 카메라 기자들이 전달자 역할을 담당하고 있다. 분명한 사실은 지금도 이스라엘과 팔레스타인 국경에서는 수많은 충돌과 유혈사태가 일어나고 있다. 슬프고 안타까운 일이다.

 이스라엘을 위해 기도하는 우리는 이 같은 상황에 어떻게 반응해야 할까? 이런 충돌과 유혈 사태에 대해 일방적으로 이스라엘 편을 들자는 것이 아니다. 사태의 본질과 그 진실을 알아야 한다는 것이다.

지금까지 확인했듯이 한국과 세계의 언론들은 진실을 외면한 채 이스라엘이 왜 혼란 가운데 있는지 자세히 보도하지 않는다. 오히려 이슬람 하마스 집단의 거짓말로 가득한 일방적인 주장만 받아들여 이스라엘을 대적하게 만들고 있다. 이것은 우리의 눈을 가려서 진실을 보지 못하게 하는 사탄의 계략이다. 이스라엘을 축복하기보다는 저주하고 증오하게 만드는 전략이다. 우리에게는 진실을 볼 수 있는 분별력과 슬기로운 지혜가 필요하다.

팔레스타인 아랍인들을 미워하자는 것이 아니다. 팔레스타인 민간인과 어린아이들은 하마스에게 이용당하는 피해자다. 우리는 이들이 극단적 이슬람주의자 테러 집단인 하마스에서 벗어나서 더는 이용당하고 희생당하지 않도록 도와야 한다. 특히 하마스의 악행을 세상에 알려야 한다.

09

70년 전,
그날에 무슨 일이
있었을까?

하나님께서 인류를 구원하기 위해 보내주신 메시아 예수 그리스도를 받아들이지 않고 십자가에 못 박아 죽게 한 유대인의 죄 때문에 그들은 이스라엘을 떠나 전 세계로 흩어지게 되었다. 하나님은 그들을 절대로 잊지 않고 언젠가 다시 불러모으겠다고 하셨다.

이 약속의 말씀은 자그마치 1878년 동안 성취되지 않았다. 하나님이 이스라엘 백성에게 하신 약속을 잊으신 것일까? 그렇지 않다. 1948년 5월 14일 금요일(히브리력으로 5708

년 이야르월)은 하나님께서 그 약속을 이루신 날이다. 같은 날 오후 3시 30분은 안식일이 시작되는 날이자 1917년부터 시작된 영국의 위임 통치가 공식적으로 만료되는 날이다.

평소대로라면 유대인 남자들은 안식일 저녁 식사를 위해 바쁘게 집으로 돌아갔을 것이다. 그런데 텔아비브에 있는 바이블 박물관에는 비장한 표정의 유대인 남자들이 모여들기 시작했다. 이들의 손에는 14일 아침 일찍 전달된 초청장이 있었다. 모두 조심스럽고 비밀스럽게 이 장소로 모였다. 박물관 입구는 건장한 유대인 남자들이 지키고 있었고 초청장을 확인한 후에야 입장을 허락했다.

지금도 잘 보존되고 있는 텔아비브 독립기념관

이들이 비밀스럽게 박물관으로 모인 이유는 무엇 때문일까? 그들이 모인 이유를 다른 사람들이 알면 어떤 일이 벌어지는 것일까? 이들은 이곳에서 A.D. 70년에 로마에 의해 이스라엘이 멸망한 이후 1878년 동안 손꼽아 기다리던 이스라엘의 재건을 세계만방에 선포하는 독립선언식을 하기 위해 모인 것이었다.

제1차 세계 대전 이후 전 세계에 흩어져 살던 유대인들은 영국의 약속대로 팔레스타인 땅으로 몰려오기 시작했고 그곳에 살던 아랍인들은 당황했다.

영국은 이중 계약으로 팔레스타인 문제가 복잡해지자 이 문제를 국제연합에 떠넘겼다. 결국 국제연합은 1947년 11월 29일에 열린 총회에서 팔레스타인을 아랍과 유대로 분리하는 결정을 내리게 된다. 팔레스타인 땅 면적의 43.53 퍼센트를 아랍 민족에게 주고, 56.47퍼센트를 유대인에게 주었다.

당연히 아랍 사람들은 국제연합의 결정을 따를 수 없었고 국제사법재판소에 제소하는 등 반대 시위를 하며 유대인들과 크고 작은 충돌이 이어졌다. 하지만 국제연합으로부터 유대 국가 건설을 허락받은 유대인들은 더는 기다릴

수가 없었다. 영국의 위임 통치가 끝나는 1948년 5월 14일 자정에 유대 국가 건국을 전 세계에 선포해야만 했다. 그러나 독립선언식이 아랍인들에게 알려진다면 그들은 수단과 방법을 가리지 않고 이 행사를 저지하려고 했을 것이다.

독립선언식 장소는 텔아비브 로스차일드 거리에 있는 텔아비브 박물관이었다. 이곳은 2층으로 구성되어 있는데 1층에는 약 3백 명 정도가 앉을 수 있는 세미나실이, 2층에는 이스라엘의 역사를 한눈에 볼 수 있는 각종 유물과 그림이 전시되어 있었다.

이들이 모인 곳은 1층 세미나실이었다. 세미나실로 들어가는 순간, 모든 사람이 장엄한 분위기에 압도되어 숨을 쉴 수가 없었다. 세미나실 정면에는 초록색 커튼이 길게 드리워져 있었고, 중앙에는 테오도르 헤르츨(Theodor Herzl)의 흑백사진과 양옆에는 유대인들이 기도할 때 머리에 쓰는 탈릿의 모양을 본뜬 파란색 줄무늬가 세로로 그려져 있었다. 그 가운데에는 다윗의 별이 그려진 천이 양쪽에 똑같은 모양으로 드리워져 있었다.

긴 테이블에는 벤구리온을 비롯한 유대인 지도자들이 앉아 있었다. 테이블 앞에는 250여 명의 유대인이 역사적인 순간을 직접 목격하기 위해 앉아 있었다.

독립선언 현장

 그런데 문제가 생겼다. 사람들은 모두 모였는데 독립선언문이 도착하지 않은 것이다. 독립선언문을 작성하는 과정에서 수많은 의견이 오고 갔다. 그중에 가장 중요한 문제는 새롭게 태어날 유대 국가의 이름을 무엇으로 할 것인가였다. 에레츠 이스라엘(eretz israel), 에버(ever), 유대(judea), 시온(zion) 등이 제안되었고 시오나, 이브리야, 헬즈리야 등도 후보에 있었다.

 유대와 시온은 국제연합의 분할 계획에 따라 예루살렘(시온)과 대부분의 유대 산이 그들 영역에 포함되지 않는다는 이유로 기각되었다. 벤구리온은 새로운 국가의 이름을

'이스라엘'로 제안했으며, 이는 6 대 3으로 통과되었다. 당일 확정된 독립선언문은 마지막 순간까지도 수정에 수정을 거듭하여 작성되었다.

그런데 독립선언문 전달 임무를 맡은 제에프 샤레프는 아주 결정적인 실수를 하고 말았다. 행사를 앞두고 초읽기로 완성된 선언문을 행사장까지 가져갈 교통편을 마련하지 않은 것이다. 결국 그는 지나가던 차를 불러 세워 행사장까지 데려다줄 것을 부탁했고 규정 속도를 위반하면서 급하게 달려갔다. 도중에 경찰이 속도위반으로 멈춰 세웠지만, 샤레프는 자신의 가방에 독립선언문이 들어 있으며 급하게 행사장으로 가져가야 한다는 사정을 이야기하자 경찰은 보내주었다.

독립선언문이 행사장에 도착한 시간은 행사 시작 1분 전인 3시 59분이었다. 독립선언문이 드디어 벤구리온의 손에 들어왔다. 선언문을 받아든 벤구리온은 깊은 심호흡을 했다. 드디어 기념식이 시작되었다.

벤구리온의 의사봉 소리로 선언식이 시작되었다. 곧이어 초대받은 250명의 유대인들은 히브리어로 '희망'이라는 뜻의 하티크바(Hatikvah)라는 노래를 불렀다. 후에 이 노래는 이스라엘의 국가가 된다. 벤구리온은 분명한 발음으로 천천히 말을 꺼냈다. "이제 완성된 문서를 읽어드리겠습니다."

이날의 행사는 '이스라엘의 소리(Kol Yisrael)'라는 라디오 방송국 개국 첫 방송으로 팔레스타인 전역에 생중계되었다.

"우리 인민평의회 의원은 이스라엘의 유대인 사회와 시오니즘 운동을 대표해서 이스라엘 땅에 대한 영국의 위임통치가 종료되는 오늘 여기에 모였습니다. …(중략)… 우리

예루살렘 국회의사당에 보관 중인 독립선언문

* 이스라엘 건국 선언 이후 거리로 뛰어나와 이스라엘 국기를 흔드는 유대인들
** 독립 선언 소식을 듣고 거리로 나온 유대인들

의 자연권이며 역사적인 권리에 기초하고 또한 국제연합 총회의 결의에 따라 이스라엘 국가로 알려지게 될 유대인 국가를 이스라엘 땅에 수립함을 선언합니다."

벤구리온은 16분 동안 독립선언문을 읽어 내려갔다.

그리고는 대중을 향해 말했다. "이스라엘 국가가 창립되었습니다. 오늘 회의는 이것으로 마칩니다."

모인 사람들은 이 장면을 보고 숨이 막힐 듯 감격스러워했다. 방송을 들은 사람들은 거리로 뛰쳐나와 서로 어깨동무를 하고 춤추며 노래를 불렀다. 전 세계 언론들도 앞다투어 보도했다. 그리고 독립선언문을 발표한 지 정확히 13분 만에 미국의 트루먼 대통령은 이스라엘 국가를 인정했다. 곧이어 국제연합 분할 계획에 반대했던 이란의 모하마드 레자 팔라비(Mohammad Reza Pahlavi)를 비롯해 과테말라, 아이슬란드, 니카라과, 루마니아, 우루과이에서도 인정한다는 발표를 했다. 뿐만 아니라 1948년 5월 17일 소비에트 연방은 처음으로 이스라엘을 합법적으로 인정했다. 폴란드, 체코슬로바키아, 유고슬라비아, 아일랜드와 남아프리카도 인정 선언을 했다.

아랍 국가들은 커다란 충격에 빠지고 말았다. 이스라엘 국가가 탄생한 다음 날인 5월 15일을 아랍 국가는 재앙의 날이라는 뜻의 '나크바의 날'로 정했다. 독립선언을 한 지 얼마 지나지 않아 이스라엘에는 이집트, 이라크, 레바논, 시리아 연합군들이 들이닥쳤다. 이것이 제1차 중동 전쟁이다.

역사적인 이스라엘 국가의 재탄생을 알린 텔아비브 박물관 1층 세미나실은 독립기념관(Independence Hall)으로 탈바꿈되어 지금도 관광객의 발걸음이 끊이질 않는다.

텔아비브에서도 가장 번화한 곳이라 할 수 있는 로스차일드 거리는 마치 미국 뉴욕의 골목처럼 언제나 많은 사람으로 북적거린다. 거리에는 노천카페와 작은 공원이 있고 반려견과 산책하는 시민들과 많은 사람이 운동하고 있어 작심하지 않으면 독립기념관을 찾기가 쉽지 않다. 하지만 물어물어 찾아가면 그곳은 마치 문 하나를 사이에 두고 70여 년 전으로 돌아간 듯한 착각을 일으킬 정도로 잘 보존되어 있다.

그곳은 마치 벤구리온이 앉아 있다가 조금 전 어디론가 사라진 것처럼 긴박했던 순간을 그대로 재현해 놓았다. 그리고 벤구리온이 독립선언문을 읽어 내려가던 목소리가 스피커를 통해 흘러나온다. 정면 테이블에는 아직도 마이크가 그대로 세워져 있고 의자도 가지런히 정렬되어 있다. 의자에 앉으면 그 당시 흐르던 긴장감 넘치는 공기가 코로 들어오는 듯하다. 이스라엘은 역사적인 장소를 박물관으로 만들어 이스라엘 국민은 물론이고 전 세계에서 찾아온 관광객들에게도 국가 재탄생의 의미를 알려주고 있다.

70여 년 전 이스라엘 텔아비브에서는 전 세계 그 어떤 정치가도, 그 어떤 예언가도, 그 어떤 철학자도 예상하지 못하고 예견하지 못한 그러나 하나님께서 2천 5백 년 전에 예레미야 선지자를 통해 예언하신 일이 한 치의 오차도 없이 기적처럼 일어났다.

> "그러므로 여호와의 말씀이니라 보라 날이 이르리니 그들이 다시는 이스라엘 자손을 애굽 땅에서 인도하여 내신 여호와의 사심으로 맹세하지 아니하고 이스라엘 집 자손을 북쪽 땅, 그 모든 쫓겨났던 나라에서 인도하여 내신 여호와의 사심으로 맹세할 것이며 그들이 자기 땅에 살리라 하시니라"(렘 23:7-8)

우리는 모세와 함께 이집트를 떠난 이스라엘 백성들이 경험한 것보다 더 큰 일을 직접 목격하고 경험하는 시대에 살고 있다. 어떻게 한 민족이 2천 년 동안이나 흩어졌다가 다시 모일 수 있을까? 상식적으로 논리적으로 정치적으로 가능한 일일까?

오직 하나님만이 하실 수 있는 놀라운 일들이며 이것이 이루어졌다는 사실은 그야말로 《성경》이 진리라는 증거이다. 그뿐만 아니라 도널드 트럼프 대통령은 2017년 12월 6일 예루살렘은 이스라엘의 수도이며 텔아비브에 있는 미국 대사관을 예루살렘으로 옮기겠다고 선포했다.

1517년 종교 개혁이 시작된 지 정확히 500년 만에, 그리고 1967년 예루살렘이 이스라엘에 수복된 지 정확히 50년이 되는 희년에 이런 일이 일어났다. 2100년 만에 처음 있

이스라엘로 돌아오는 유럽의 유대인들

는 일이다.

> "보라 내가 예루살렘으로 그 사면 모든 민족에게 취하게 하는 잔이 되게 할 것이라 예루살렘이 에워싸일 때에 유다에까지 이르리라 그 날에는 내가 예루살렘을 모든 민족에게 무거운 돌이 되게 하리니 그것을 드는 모든 자는 크게 상할 것이라 천하 만국이 그것을 치려고 모이리라"(슥 12:2-3)

이 예언의 말씀처럼 예루살렘에 대한 논란의 새로운 장이 열리고 우리 모두를 마지막 때 사건들로 몰아갈 것이다. 지금 전 세계는 사탄의 영에 사로잡힌 이슬람이 창궐하고 있다. 전 세계에서 반유대주의가 극에 달하고 이란, 시리아, 러시아 등 여러 나라가 이스라엘을 향해 전쟁을 하겠다고 선포한다.

왜 이런 일들이 일어나고 있을까? 이 모든 것은 《성경》에서 예언하고 있는 바이다. 주님이 오시기 전에 이스라엘은 수도 예루살렘을 회복하게 될 것이며, 이스라엘의 유대인들이 "찬송하리로다, 주의 이름으로 오시는 이여. 바룩하바 베쉠 아도나이!"를 외치게 될 것이다.

지금도 이스라엘에서는 하루에도 수많은 유대인이 예수님을 영접하는 기적 같은 일이 일어나고 있다. 이렇게 많은 유대인이 예수를 믿는다는 것은 그 옛날 홍해가 갈라지고 여리고 성이 무너지는 것보다 더 큰 기적이다. 우리는 지금 하나님이 하시는 일을 목격하고 있다.

10

트럼프가 팔레스타인 난민 구호금을 줄인 이유

2018년 1월 16일 도널드 트럼프 행정부는 국제연합 팔레스타인난민구호기구(United Nations Relief and Works Agency for Palestine refugees in the Near East, UNRWA)에 지원 예정이었던 1억 2천 5백만 달러 중 6천만 달러를 집행하지 않겠다고 밝혔다. 트럼프 대통령은 지원금이 가난한 팔레스타인 주민들을 위해 쓰지 않고 엉뚱한 곳에 쓰인다고 생각한 것이다.

전 세계에서 팔레스타인 난민구호기구에 매년 보내는 돈은 12억 4천 2백 달러(한화 1조 5천억 원 정도). 그중 미국은 3억 6천 8백만 달러(한화 4천억 원 정도)로 전체 지원금 중에 약 30퍼센트를 담당해 왔다.

만약에 미국이 지원을 중단하면 팔레스타인에게는 엄청난 충격과 파장이 될 것이다. 그럼에도 불구하고 도널드 트럼프 대통령은 2018년에는 대폭 삭감하겠다고 밝혔다. 도널드 트럼프 대통령은 왜 이런 결정을 했을까?

국제연합 팔레스타인 난민구호기구는 팔레스타인 난민들을 대상으로 교육, 보건, 복지, 구호 사업을 펼치는 국제기구이다. 1949년 국제연합 총회 결의안에 근거해 설립된

구호품 위에 앉아 있는 팔레스타인 아이

국제연합 직속 국제 기구로 본부는 팔레스타인 가자 지구와 요르단 암만에 있다.

팔레스타인 난민구호기구, 즉 UNRWA는 제1차 중동 전쟁과 제3차 중동 전쟁으로 인해 집을 잃고 생계를 유지하기 힘들어진 사람들을 난민으로 규정하고 이들을 대상으로 교육, 보건, 복지, 구호 등의 원조 활동을 한다. 중동에 700여 개의 학교를 지어 난민 아동들이 의무교육을 받을 수 있도록 하였고, 난민들의 경제적 자립을 위해 직업 교육 및 소액 대출 등의 지원을 하고 있다. 대부분 미국과 유럽연합(EU)에서 기부한 자금으로 운영되고 있다.

국제연합에는 난민을 돕는 두 개의 큰 구호 조직이 있다. 하나는 전 세계의 모든 난민을 돕는 국제연합 난민기구(United Nations High Commissioner for Refugees, UNHCR)이고, 다른 하나는 오직 팔레스타인 난민만을 위한 팔레스타인 난민구호기구이다.

팔레스타인 난민구호기구는 팔레스타인 난민에 대해서 "1946년 6월부터 1948년 5월 15일 사이에 팔레스타인에 거주하였으며 1948년 이스라엘과 아랍의 제1차 중동 전쟁으로 집과 생계수단을 잃은 팔레스타인 사람"이라고 규정한다.

팔레스타인 난민구호기구에 따르면 현재 팔레스타인 난민 숫자는 약 5백만 명이며 이들 중 3분의 1에 달하는 150만 명의 팔레스타인 난민들은 현재 서안 지구, 가자 지구, 요르단, 레바논, 시리아에 흩어져 있는 58개의 난민 캠프에서 생활하고 있다.

2016년 통계에 따르면, 미국을 포함한 105개 국가에서 팔레스타인 난민구호기구를 지원했다. 우리나라도 팔레스타인 난민을 위해 구호 기금을 보냈다. 가장 많이 기부한 나라는 미국이고, 2위 유럽연합은 1억 5천 9백만 달러, 3위 사우디아라비아는 1억 4천 8백만 달러를 기부했다. 심지어는 경제적 어려움을 겪고 있는 파키스탄과 카자흐스탄의 난민까지 돕고 있다.

그런데 여기에서 한 가지 눈여겨볼 부분이 있다. 팔레스타인 난민 대부분은 이슬람교도다. 그렇다면 이슬람 국가들은 팔레스타인 난민구호기금에 얼마나 참여하고 있을까? 현재 전 세계에서 무슬림 인구가 가장 많은 나라는 인도네시아다. 인도네시아는 팔레스타인 난민구호기구에 얼마나 기부했을까? 2016년에 미국이 3억 6천 8백 달러를 보낼 때 인도네시아는 5천 달러(한화 550만 원 정도)를 보냈다.

대한민국은 159만 7천 달러를 기부했다. 또 다른 이슬람 국가인 터키는 150만 달러를 보냈다.

굳이 이런 설명을 하는 이유는 종교와 문화가 다른 미국과 유럽연합과 한국은 인도주의적 차원에서 지원금을 보내고 있다. 하지만 정작 같은 종교를 믿는 이슬람 국가에서는 그렇게 하지 않는다는 것이다.

전 세계가 팔레스타인 난민을 돕기 위해 1년에 1조 5천억 원이라는 많은 돈을 보냈는데 그들의 삶은 좀 나아졌을까? 이해를 돕기 위해 우리나라와 비교해서 팔레스타인의 경제 사정을 살펴보자.

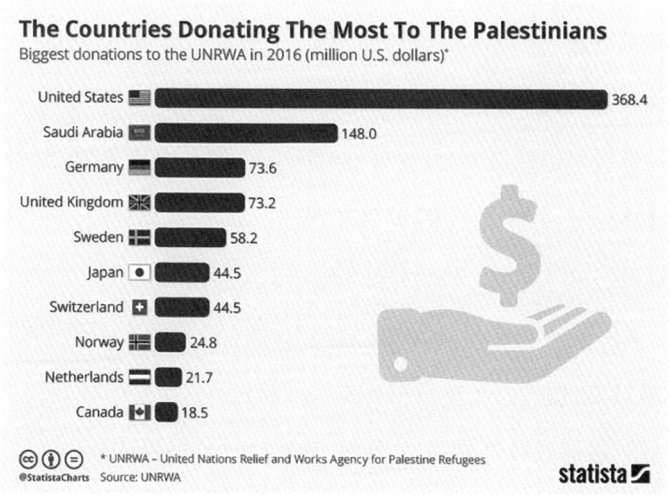

세계 각국에서 보내오는 구호 자금

우리나라의 2016년 1인당 국민 총소득(Gross National Income, GNI)은 27,561달러다. 같은 해 팔레스타인은 3,290달러다. 팔레스타인의 2017년도 3분기 실업률은 29.2퍼센트, 청년 실업률은 46.9퍼센트이다. 팔레스타인 지역에서 만난 청년들 대부분이 집에서 놀고 있는 셈이다. 팔레스타인의 경제 상황은 이루 말할 수 없을 만큼 어렵다. 전 세계에서 일 년에 1조 5천억 원 이상의 지원을 받고도 왜 이들은 경제를 회복하지 못하는 것일까? 도대체 그 돈은 전부 어디로 가는 것일까?

2016년 5월 24일 AP 통신에 따르면, 팔레스타인 국민 96퍼센트가 팔레스타인 정부는 정직하지 않고 부정부패가 심각하다고 생각한다. 실제로 2014년 1분기 팔레스타인으로 들어온 발전 예산 1,800만 달러(한화 약 2백억 원) 중에 절반가량인 940만 달러(한화 약 110억 원)가 무하마드 압바스 팔레스타인 수반의 전용 비행기 예산으로 사용되었고, 440만 달러는 기타 비용으로 처리되었다고 한다.

AP 통신 보도에 따르면, 팔레스타인 자치정부 고위 관료의 한 달 월급은 1만 달러(한화 약 1,200만 원) 정도이다. 이 금액은 팔레스타인 평균 공무원 월급의 10배라고 한다.

이것이 바로 팔레스타인 난민들이 처해 있는 현실이다.

팔레스타인 난민들을 위한 돈이 정작 난민들에게는 분배되지 않고 기득권을 가진 정치 지도자들의 주머니와 배를 채우고 있다. 그리고 팔레스타인 난민구호기구는 1년에 10억 달러의 예산을 운영하고 있다. 이중 절반가량이 이스라엘과 팔레스타인의 문제 해결을 위한 팔레스타인 어린이 교육에 쓰인다고 한다. 사실 이 말의 사실 여부도 확인할 수 없고, 평화를 위해 교육한다는 말도 신뢰할 수 없다. 이들의 교육 내용 역시 가히 충격적이다. 팔레스타인 난민구호기구에서 일하는 사람들이 하마스와 연계되어 있기 때문이다.

이스라엘은 팔레스타인 난민구호기구에서 일하는 3만 명 중 대다수가 하마스와 연관이 되어 있으며 이들은 이스라엘을 향한 테러를 지원하고 온라인상에서 안티 세미티즘, 반유대주의 관련 주제를 퍼트리고 있다는 사실을 알리려 노력하고 있다.

중동정책리서치센터(The center for near east policy research)에서 제작한 다큐멘터리 영화「팔레스타인 난민 정책: 절망에서 희망으로(Palestinian Refugee Policy: From Despair to Hope)」는 하마스가 팔레스타인 난민구호기구에 얼마나 깊숙이 침투해 있는지 보여 주고 있다.

이 영화는 팔레스타인 난민구호기구가 팔레스타인 난민 캠프에서 운영하는 학교 벽에 붙어있는 반이스라엘 포스터를 보여 주며 팔레스타인 난민구호기구 소속 교사들을 직접 인터뷰했다. 이들이 이스라엘과 팔레스타인의 평화를 조성하는 것이 아니라, 팔레스타인 난민들을 세뇌해서 이스라엘을 향해 끝없는 적개심과 분노를 갖게 하는 내용을 생생하게 기록했다.

팔레스타인 아이들은 이 학교에서 하마스의 의제와 동일하게 이스라엘을 완전히 파괴하고 1948년에 잃어버린 자신들의 영토를 반드시 되찾아야 하며 우리에게는 그 땅으로 돌아갈 권리가 있다고 교육받고 있다.

더 염려스러운 것은 팔레스타인 난민들의 생존을 위해 사용해야 할 지원금 상당 부분을 전쟁 무기 제조나 테러 자금으로 사용한다는 것이다. 가자 지구에 있는 팔레스타인 난민구호기구에서 운영하는 Maghazi Preparatory Boys School 지하에 하마스가 테러를 위해 판 땅굴이 여럿 발견되었다. 팔레스타인 난민구호기구 직원들은 이 땅굴을 통해 무기와 군수품을 전달한 것으로 밝혀졌다.

2017년 한해만 해도 팔레스타인 난민구호기구 관료들이 가자 지구 하마스 지도자로 당선되었다고 국제연합 주재 이스라엘 대사 대니 다논이 밝혔다. 대부분 이런 사실을 국제 사회가 잘 모르거나 안다고 해도 국제연합 아랍 국가 회원들의 강력한 오일 파워로 인해 어쩔 수 없이 지원금을 보내는 것이다.

 그러나 도널드 트럼프 대통령은 이 부분을 들여다봤고 선의로 보낸 구호금이 잘못 사용되는 일이 계속된다면 의미가 없다고 생각한 것이다. 도널드 트럼프의 결정은 가진 자의 오만함이 아니었다. 국민의 세금으로 보내지는 지원금이 계속해서 잘못 사용된다면 어떻게 용납할 수 있겠는가?

 이슬람교도는 거짓말을 해도 크게 비도덕적이라고 생각하지 않는다. 거짓말을 오히려 자랑스럽게 여기고 발각되도 부끄럽거나 창피하게 생각하지 않는다. 팔레스타인 아랍인들 대부분이 이슬람교도이다. 전 세계에서 들어오는 천문학적인 지원금이 팔레스타인 난민구호기구라는 공식 조직을 통해 평화가 아닌 분쟁을 야기하고 일부 정치 지도자들을 위해 사적으로 사용되고 있다. 지원금은 굶주리고 추위에 떨고 질병으로 고생하는 팔레스타인 난민들을 위해 온전히 사용되어야 한다.

 팔레스타인 난민뿐만 아니라 도움이 필요한 어려운 사

람들에게 사랑과 베푸는 손길을 보내고 지원하는 것은 꼭 필요하고 중요한 일이다. 하지만 그 돈을 사용하고 분배하는 사람들이 정직하지 않다면, 사용되는 과정과 방법을 점검할 필요가 있다. 도널드 트럼프 대통령은 그 부분을 파악하고 이 같은 결정을 내린 것이다.

2017년 11월 15일, 팔레스타인 난민구호기구의 집행위원장이 우리나라를 방문했다. 집행위원장과의 회담에서 우리 정부는 이전에도 그랬듯이 앞으로도 팔레스타인 난민구호기구에 지원금을 보내겠다고 약속했다. 좋은 결정이다. 보내기로 약속했으면 보내야 한다. 하지만 지원금이 제대로 사용되고 있는지 꼼꼼히 따지고 살펴보는 것도 잊지 말아야 할 것이다.

우리나라에도 니키 헤일리(Nikki Haley) 국제연합 주재 미국 대사처럼 이스라엘과 팔레스타인의 근본 문제에 대해 바로 알고 올바른 결단을 내릴 수 있는 지도자가 세워져야 한다. 또한 이스라엘을 대적하는 데 앞장서고 있는 팔레스타인 난민구호기구가 미국의 지원 중단을 통해 새로워지기를 바란다. 지원금이 하마스의 테러를 위한 땅굴 파는 데 이용되고 독재자들의 주머니에 들어가는 것이 아니라, 굶

주리고 병든 팔레스타인 난민들을 향해 올바르게 사용되기를 간절히 바라는 마음이다.

11

정말 예루살렘은 이슬람의 성지인가?

2017년 12월 6일 도널드 트럼프 대통령의 예루살렘 수도 선언 이후 전 세계 이슬람 국가들은 한 목소리로 이 결정에 반대하며 분노했다. 그로부터 일주일 뒤, 12월 13일 터키 이스탄불에서 57개 이슬람 협력기구(Organisation of Islamic Cooperation, OIC) 회원국이 긴급하게 모였다. 이 자리에서 터키의 에르도안 대통령은 이같이 주장하였다. "트럼프 대통령의 결정은 무책임하고 가치가 없으며 무효이다. 미국이 최대 범죄를 저질렀고 이스라엘과 팔레스타인의 평화 협상 과정에 미국은 개입하지 말아야 한다."

　예루살렘은 이스라엘과 아무 관련이 없을 뿐만 아니라, 이슬람의 중요한 성지이고 트럼프 대통령의 선언 거부를 넘어 동예루살렘은 팔레스타인의 수도로 인정해야 한다는 주장도 나왔다.

　그들은 예루살렘은 절대 이스라엘의 수도가 될 수 없고, 오히려 팔레스타인의 수도가 되어야 한다고 주장하고 있다. 이 주장은 2010년 11월 4일에 열린 국제연합 총회에서도 나왔고, 예루살렘의 성전산이 유대인과는 아무 관련이 없고 오직 팔레스타인만이 그 권리를 가져야 한다는 결의안이 채택되었다.

　왜 이슬람 협력기구와 국제연합은 예루살렘을 이슬람과 관련이 있다고 주장하는 것일까? 1,300여 년 아라비아반도 메카에서 생겨난 이슬람 종교가 도대체 어떻게 수천 마일이나 떨어져 있는 예루살렘과 관련이 있다는 것일까?

　창세기 22장 2절에 성전산은 지금부터 약 4천 년 전 아브라함이 하나님의 명령에 따라 아들 이삭을 바치려 했던 모리아산이다. 그로부터 천 년 뒤인 B.C. 966년경 솔로몬왕은 그곳에 하나님의 법궤를 보관하는 성전을 지었다. 그래서 이곳을 모리아산이라고 부르지만, 그 옛날에 성전이 세워졌던 곳이라고 해서 성전산으로 부른다.

B.C. 587년경에 솔로몬 성전은 바빌론 느부갓네살왕에 의해 파괴된 후 바빌론에 포로로 끌려갔던 유대인들과 함께 돌아온 스룹바벨에 의해 B.C. 516년에 제2성전이 세워졌다. 그 후에 헤롯왕이 성전을 확장 증축했지만 A.D. 70년에 로마에 의해 파괴되었다. 그때부터 유대인들은 전 세계로 뿔뿔이 흩어지는 디아스포라의 긴 여정을 떠나야만 했다.

그 이후로 모리아산은 약 7백여 년 동안 쓰레기 더미로 변해 비렸다. A.D. 691년에 이슬람의 성지인 황금사원과

성전산 또는 모리아산이라고 부르는 곳에 세워진 황금사원

알아크사 사원이 세워졌다. 그 옛날 솔로몬 성전이 있었고 스룹바벨의 성전과 헤롯 성전이 있었던 그 자리에 어쩌다가 이슬람 사원이 자리 잡게 되었을까?

이 문제를 이해하기 위해서는 이슬람의 태동에 대해서 살펴봐야 한다. 이슬람은 무함마드에 의해서 창시되었다.

무함마드는 A.D. 570년 4월 22일 아라비아반도 중부 메카에서 지배 부족인 쿠라이쉬에서 유복자로 태어났다. 그의 아버지는 무함마드가 태어나기 직전에 사망했고 어머니는 그가 6살이 되는 해 사망한다.

무함마드

그때부터 무함마드는 외삼촌 아부 딸립의 손에 자라게 된다. 배운 것도 없고 가진 것도 없었던 무함마드는 외삼촌과 함께 일을 해야만 먹고 살 수 있는 상황이었다. 무함마드는 25세가 되던 해에 15세 연상의 카디자라는 재력 있는 과부를 만나 결혼을 한다.

무함마드가 살던 메카는 아라비아 인근 지역의 여러 부족이 섬기는 360여 개의 크고 작은 우상이 한자리에 모여 있는 곳이었다. 이 우상을 섬기는 아라비아의 부족들은 일 년에 한 번씩 메카에 와서 기도하고 우상을 돌보곤 했다. 그래서 메카는 인근 부족들이 찾아와 며칠간 머물고 생활하는 상업 중심 지역이 된 것이다.

무함마드는 메카의 쿠라이쉬에 살았다. 그 마을의 우상은 하늘의 달신이고 그 달신을 '알라'라고 불렀다. 무함마드가 섬기는 신은 밤하늘의 달을 섬기는 알라였다.

아라비아반도는 한낮에는 뜨거운 태양빛 때문에 활동하기 힘들지만, 밤이 되면 한낮의 열기가 식어서 활동할 수 있었다. 그런 이들에게 어둠을 밝히는 달은 중요한 신이 되지 않을 수 없었다. 당시 아라비아반도에는 수백 개의 신을 믿는 다신교가 성행했고 메카는 다신교의 성지였다.

무함마드가 달신 알라를 섬겼다는 것은 그의 아버지 이

* 이슬람 사원 지붕에 매달린 초승달
** 초승달이 들어간 이슬람 국가의 국기들

름에서도 알 수 있다. 압둘라라는 이름은 알라의 아들이라는 뜻이다. 당시 중동에서는 자신이 믿는 신의 이름을 자기 이름에 넣는 것이 보편적이었다. 그래서 이슬람 모스크 지붕 꼭대기에 초승달이 장식되어 있고, 이슬람을 상징하는 문양에도 초승달이 그려져 있다. 이슬람 국가의 국기에도 역시 초승달이 그려져 있다.

일부에서는 "기독교의 하나님과 이슬람의 알라는 원래 같은 존재를 말한다"라고 하는 사람들도 있는데 그렇지 않다. 알라는 메카 쿠라이쉬 부족이 숭배하던 달신의 이름이다.

다시 무함마드 이야기로 돌아가자. 더 이상 땀을 흘리며 힘든 일을 하지 않아도 먹고 살게 된 무함마드는 그때부터 메카 교외의 히라산에 있는 동굴에 들어가 명상에 심취하게 된다. 40세 되던 해에 가브리엘 천사의 음성을 듣고 자신을 신의 계시를 전달받는 선지자라고 여긴다. 그때부터 무함마드는 쿠라이쉬 부족의 신이었던 알라를 다른 사람들에게 전파하는 데 몰두하게 된다.

글을 쓸 줄도, 읽을 줄도 몰랐던 무함마드의 전도는 어눌해서 다른 신을 믿는 부족들에게 큰 환영을 받지 못했다. 더구나 그 당시 아라비아반도의 유목민들은 360여 개나 되는 우상을 섬기던 민족들이었다. 그들이 무함마드가 전하는 신에 대해 강하게 반발할 수밖에 없었다. 고민 끝에 무함마드는 부인 카디자의 사촌인 나이 많은 와라까(Waraqah)를 찾아가서 자신의 신 알라에 대해서 이야기하자 와라까는 놀라운 이야기로 화답했다.

와라까는 《구약 성경》에 나오는 여러 이야기들을 무함마드에게 자세하게 전해 주었다. 태초에 6일 동안 천지만물을 창조하신 유일신 여호와 하나님, 노아의 홍수 이야기, 모세 이야기 그리고 아브라함의 이야기 등을 들려주었다. 이때 무함마드는 난생처음 유일신 여호와 하나님에 대한 이야기를 듣게 된다.

놀랍게도 와라까는 그리스도인이었고 히브리어로 된 《성경》을 아랍어로 번역하여 필사하는 인물이었다. 무함마드는 와라까에게 《성경》 속의 흥미진진한 이야기를 듣고 이런 생각을 하게 된다. '내가 믿는 알라신과 와라까가 전해 준 《성경》 이야기를 접목해서 사람들에게 이야기해 주어야겠다.'

이 내용은 이슬람 경전 《꾸란》에도 등장한다. 《꾸란》 29장 46절에 보면 "성경의 백성들을 인도함에 가장 좋은 방법으로 인도하되 논쟁하지 말라 그러나 그들 중에 사악함으로 대적하는 자가 있다면 일러 가로되 우리는 우리에게 계시된 것과 너희에게 계시된 것을 믿노라 우리의 신과 너희의 신은 같은 신이시니 우리는 그분께 순종하노라."

여기서 '우리의 신'은 '알라'를 말한다. '너희의 신'은 '여호와 하나님'이다. 《꾸란》 7장 54절, 35장 1절, 19장 37절에서 "알라는 창조주이며 알라는 전능자이고 알라는 심판주"라고 설명한다.

무함마드 자신이 믿는 알라신에 대해서 이야기할 때는 사람들의 관심을 끌지 못했다. 자기 부족의 신 알라에 대해서 이야기할 때는 귀담아듣지도 않던 사람들에게 《성경》이야기를 뒤섞어서 말하자 사람들이 몰려들기 시작했다.

이슬람교는 무함마드 자신이 믿던 알라신과 《성경》의 이야기를 뒤섞으면서 탄생하게 된 종교다. 이때 무함마드가 말로 전한 내용을 나중에 그의 제자들이 글로 옮겨 놓은 것이 바로 《꾸란》이다.

《꾸란》을 최고의 경전으로 생각하는 이슬람교도들은 이렇게 얘기한다. "《구약 성경》은 신의 계시를 올바르게 전하지 못했다. 《꾸란》만이 그 오류를 모두 바로 잡은 최후의 말씀이다."

그런데 문제가 있었다. 무함마드에게 성경 이야기를 전

달한 와라까가 잘못 설명을 했는지, 아니면 그가 애초에 성경 이야기를 잘못 이해하고 있었는지, 와라까는 잘했는데 글을 모르는 무함마드가 기록하지 않아 기억이 엉켰는지 성경 속 인물의 이름과 연대기가 틀리다는 사실이다.

우선《성경》출애굽기 1장 11절에 이집트의 바로가 이스라엘 백성을 괴롭히기 위해서 국고성 비돔과 라암셋을 지으라고 명령하는 장면이 나온다. 이와 비슷한 사건이《꾸란》에도 나온다.

이 사건을《꾸란》28장 38절에서는 "파라오는 말했다 오 중신들이여 너희들에게는 나 외에 신이란 있을 수 없다 그러니 하만아 나를 위해 점토를 구하라 그리고 나를 위해 모세의 신 곁으로 올라가는 높은 궁전을 만들어라 모세는 거짓말쟁이의 한패라 생각한다."

이 구절은 바로왕이 하만에게 모세의 신이 살고 있는 하늘까지 닿는 탑, 즉 바벨탑을 쌓으라고 명령하는 내용이다. 무함마드는 출애굽기 1장과 창세기 11장과 에스더서의 하만 장군을 한 시대 한 장소의 사건으로 말하고 있다.

또 다른 사례를 보자. 창세기 17장 5절에 보면 아브라함의 원래 이름은 아브람이다. 99세 되던 해에 하나님은 아브람을 라함이라는 이름으로 바꿔 주신다.

《꾸란》 21장 60절에 보면 "또 말하였다 아브라함이라는 젊은 자가 신들에게 대하여 말하는 것을 들었다"라고 기록되어 있다.

《꾸란》에서는 아브라함의 원래 이름도 아브라함이고, 어렸을 때 이름도 아브라함이라고 기록되어 있다. 분명히 잘못 기록되었다. 아브라함은 아라비아반도에 간 일이 없는데도 그들은 사우디아라비아 메카를 아브라함과 이스마엘이 건축했다고 주장한다.

《꾸란》 2장 127절이다. "또 아브라함과 이스마엘이 성전의 초석을 세운 것을 주여 받아주소서 참으로 당신께서는 모든 것을 들으시고 아십니다."

창세기 21장 21절은 이스마엘은 바란 광야에서 살았다고 기록한다. 그럼 이스마엘의 후손들이 아라비아반도로 건너가서 메카를 건축했을까? 이 부분에 대해서 《성경》은 분명히 말한다. 창세기 25장 18절이다. "그 자손들은 하윌라에서부터 앗수르로 통하는 애굽 앞 술까지 이르러 그 모든 형제의 맞은편에 거주하였더라."

그런데 왜 《꾸란》에서는 아브라함과 이스마엘이 메카를 건축했다고 하는 것일까? 또 《꾸란》 19장 28절에 예수님

이야기가 나오는데 예수님의 어머니 마리아를 모세의 누이인 미리암으로 기록되어 있다. "아론의 누이여 너의 아버지는 악인이 아니었고 너의 어머니는 음탕한 여자가 아니었는데."

여기서 이야기하는 아론의 누이는 미리암이다. 무함마드는 예수님의 어머니 마리아를 미리암과 혼돈한 것이다. 예수님과 미리암은 1450년이라는 시간대로 전혀 다른 시대에 살았다. 마리아는 팔레스타인에 살았고, 미리암은 이집트에서 살았다.

이슬람교 경전 《꾸란》은 이렇게 《성경》의 이야기와 무함마드가 믿었던 달신 알라의 이야기가 뒤섞인 이상한 책이 되고 말았다. 《성경》은 3천 5백 년 전부터 《구약 성경》은 1천 5백 년, 신약은 100년간에 걸쳐 기록된 책이다. 그에 비해서 《꾸란》은 성경이 기록된 후인 A.D. 610년에서 632년에 23년 동안 무함마드가 알라로부터 받은 계시를 무함마드 사후에 그의 제자들이 정리한 책이다.

그렇다면 《성경》이 《꾸란》의 내용을 차용한 것인지, 아니면 《꾸란》이 《성경》의 내용을 차용한 것인지는 누구나 알 수 있을 것이다. 이슬람교는 시작부터 남의 경전을 차용해서 만든 거짓 종교라는 사실을 분명히 알 수가 있다.

그렇다면 왜 이슬람은 이슬람교가 태동한 사우디아라비아 메카와 메디나에 이어 예루살렘을 자신들의 성지라고 주장하며 예루살렘에 대한 권리를 주장하는 것일까? 이 역시 《꾸란》에 근거한 것이다. 앞서 설명한 것처럼 《꾸란》은 《성경》 내용을 차용한 것에 불과하다. 그중 하나가 예루살렘의 모리아산에 관한 내용이다.

《꾸란》에서는 무함마드가 아라비아반도 메카에서 가브리엘 천사의 도움을 받고 하얀 말을 타고 하룻밤 사이에 예루살렘의 모리아산으로 날아가서 그곳에서 하늘로 승천한 다음 아브라함과 모세, 예수님 등 여러 예언자와 알라까지 만난 후에 계시를 받고 돌아왔다고 기록한다.

《꾸란》 17장 1절에 보면 "성스러운 예배당에서 우리들이 증거를 보이기 위해 주위를 축복한 먼 곳의 예배당까지 밤에 그 종을 데리고 여행하시는 분에 영광이 있으라"라고 기록되어 있다. 여기서 성스러운 예배당은 메카의 신전을, 먼 곳의 예배당은 예루살렘의 모리아산을 가리킨다.

무함마드는 왜 모리아산을 경유했을까? 《성경》에는 아브라함이 하나님의 명령에 따라 아들 이삭을 제물로 바치기 위해 모리아산에 올라갔다고 기록한다. 하지만 《꾸란》

* 천사에게 계시를 받는 무함마드
** 이슬람의 최대 성지인 황금사원

에는 아브라함이 하나님의 명령에 따라 아들을 제물로 바치기 위해 모리아산에 올라갔을 때 데려간 아들이 이삭이 아니라 이스마엘이라고 말한다.

이 잘못된 이야기에 때문에 예루살렘은 이슬람교도에게 중요한 성지가 되었다. 이에 따라 무함마드가 메카에서 예루살렘까지 찾아왔다고 주장하는 것이다.

《꾸란》에서 예루살렘은 알라의 모든 땅 중에 그가 택한 곳이며 그곳에 내리는 이슬은 낙원의 정원에서 오는 것이라고 기록되어 있다. 그래서 모든 병자의 치료제라고 말할 정도로 아주 신성시하는 곳이다.

이슬람교에서 말하는 3대 성지는 사우디아라비아의 메카와 메디나 그리고 예루살렘이다. 예루살렘의 성전산에는 황금사원과 알아크사 사원이 세워져 있다. 이슬람교도는 죽기 전에 꼭 한번 이 성지를 방문하는 것이 의무라고 여기고 그들은 다른 곳에서 기도하는 것보다 황금사원 앞마당에서 기도하는 것이 40배 더 낫다고 여긴다.

2천 년간의 디아스포라 생활을 마치고 마침내 1948년 이스라엘로 돌아온 유대인들은 성전산이 있는 동예루살렘을 되찾지 못했다. 1967년 6일 전쟁을 통해 어렵게 동예루살렘을 되찾았을 때도 역시 성전산은 되찾지 못했다. 지금도 동예루살렘의 성전산 밖은 이스라엘이 관리하고, 성전산 내부는 요르단이 관리하고 있다.

그래서 이슬람교도는 그들만 출입할 수 있는 입구를 통해 언제든지 성전산에 들어가 기도하고 《꾸란》을 읽을 수 있지만, 이슬람교도가 아닌 외국인 관광객과 유대인은 단 한 곳의 출입구를 통해서 제한된 시간에만 들어갈 수 있다.

유대인이 성전산에 들어가려면 이스라엘군의 보호 아래 들어가야 하고 그 안에서 지켜야되는 조건이 있는데 그것은 절대로 황금사원 기도를 하거나 《성경》을 읽으면 안 된다. 만약 이런 행동을 하다 발각되면 이슬람교도 관리자들이 즉시 달려와서 제지하고 성전산 밖으로 내쫓는다.

만약 유대인이 이스라엘 군인의 보호를 받고 황금사원에 들어오면 그때부터 이슬람교도 관리자들이 멀리서 지켜보고 있다가 황금사원을 바라보며 우리의 성전이 있었던 곳이라고 말하는 것 같이 보이거나 기도하는 포즈를 취하면 즉시 달려와 강력하게 항의한다.

이슬람교도는 황금사원 앞마당 곳곳에서 무리지어 《꾸란》을 읽고 마음대로 기도할 수 있다. 이런 상황이 유대인에게는 강력한 불만 사항이었다. 그래서 황금사원, 즉 성전산은 언제든지 이슬람교도와 유대인 간의 충돌이 발생할 가능성이 있는 곳이다.

이슬람은 지금도 예루살렘은 이슬람의 성지이며 이슬람의 권리 하에 있고 이스라엘과는 아무 관련이 없다고 주장하고 있다. 예루살렘 모리아산에 3천 년 전에 세워졌던 솔로몬 성전과 2천 년 전에 세워졌던 헤롯 성전 자체를 부정하는 것이다.

베들레헴 대학 역사학과 아랍인 샬로우미 교수는 "그런 주장은 많은 고고학자에게 받아들여지지 않습니다. 솔로몬 성전이 어디에 있었는지에 대한 정확한 증거는 없습니다. 왜냐하면 예루살렘은 23번이나 파괴되었으니까요. 우리가 알 수 있는 건 1,000년에서 1,400년 정도 됐다는 것뿐이죠. 그 이상은 알 수가 없습니다. 그들이 고고학을 이용하는 건 역사적인 것이 아닙니다. 그저 예루살렘에서 팔레스타인적인 것을 제거하고 싶을 뿐입니다"라고 주장했다.

하지만 유대인 가브리엘 바르카이 고고학 박사는 상반된 주장을 한다. "우리는 모리아산에 성전이 있었다는 증거를 많이 찾았습니다. 예를 들면 작은 불라를 찾았습니다. 이것은 은으로 봉인했던 도장입니다. 이 도장은 기원전 7세기에 사용했던 것입니다. 어떤 제사장이 사용한 도장을

* 옛 성전터에서 가져 온 흙을 조사하고 있는 바르카이 박사
* 바르카이 박사가 옛 성전터에서 발굴한 반 세켈짜리 동전

찾은 것이죠. 우리는 당시의 은화도 찾았습니다."

이렇듯 이슬람교도들은 예루살렘에 솔로몬 성전과 헤롯 성전이 있었다는 역사적 사실 자체를 부인하고 있다. 이는 이스라엘의 역사를 자세하게 기술한 《성경》 자체를 부인하는 것과 같다.

2017년 12월 18일 미국의 예루살렘 수도 선언 철회를 요구하는 국제연합 안전보장이사회 결의안 표결에서 안보리 이사국 15개국 중 14개국이 예루살렘 수도 선언 철회에 찬성표를 던졌지만, 상임이사국인 미국이 거부하면서 무산되었다.

그러나 며칠 뒤인 12월 21일 미국 뉴욕에 있는 UN본부에서 열린 국제연합 총회 특별 본회의에서는 예루살렘의 지위를 바꾸는 어떤 결정도 법적 효력이 없으며 폐지해야 한다는 결의안이 국제연합 회원국 193개국 중 찬성 128개국, 반대 9개국의 압도적인 표 차이로 통과되었다. 국제 사회는 날이 갈수록 《성경》을 왜곡하는 이슬람 권력에 무릎을 꿇고 하나님께서 이스라엘 민족에게 허락하신 예루살렘을 인정하지 않고 있다.

왜 그럴까? 이스라엘을 싫어하기 때문이다. 예루살렘의 올리브산으로 다시 오시겠다는 예수님의 약속이 성취되지 못하게 하려는 것이다. 다시 오신 예수님이 다스릴 천년왕국의 중심이 되는 곳도 예루살렘이기 때문이다. 그래서 마지막 때 온 세상이 이스라엘을 공격하고 이스라엘을 고립시키려는 것이다. 이렇게 세상이 힘을 모아 이스라엘을 대적하고 예루살렘과의 관계를 끊으려고 시도하지만 결국 하나님의 진리와 말씀은 온 천하에 드러날 것이다.

12

예루살렘에
CCTV가 많은
이유

2017년 7월 14일 예루살렘 성전산 입구에서 3명의 팔레스타인 테러리스트에 의해 이스라엘 군인 2명이 살해되었다. 성전산으로 도망가던 용의자들은 이스라엘 군인에게 사살되었고, 이 사건은 주변 중동 국가들의 이스라엘 비난전으로 발전했다.

총격 사건이 일어난 곳은 황금문 옆에 있는 라이언 게이트(Lion Gate) 또는 스테판 게이트(Stephen Gate)라고 불리는 문 근처이다. 문 위쪽에 사자 모양이 조각되어 있어서 라이언 게이트라고 부르기도 하고, 2천 년 전 스테판 집사가 돌에 맞아 순교한 장소가 바로 앞에 있어서 스테판 게이트라고도 부른다.

이 문을 통해 구시가지 안으로 들어오면 왼쪽에 황금사원 앞마당으로 들어가는 작은 문이 있다. 이 문은 유대인이나 외국인 관광객은 들어갈 수 없고 오직 이슬람교도들만 들어갈 수 있다. 이 문으로 외국인 관광객이 들어가지 못하도록 늘 이스라엘 군인들이 통제하고 있다. 바로 이곳에서 사건이 발생했다.

도대체 팔레스타인 테러리스트는 어디서 총을 구했을

사건이 일어났던 현장에 설치된 금속 탐지기

까? 그들이 총기를 입수하는 과정이 CCTV에 고스란히 찍혀 있었다. 이 화면에서 테러리스트들은 헤롯 게이트를 통해 예루살렘 구시가지로 들어간 후 황금사원 안으로 들어가는 문을 통해 들어갔다. 이 문은 이슬람교도의 출입구이기 때문에 이스라엘 군인의 제지를 받지 않는다.

테러리스트들이 황금사원 앞마당을 가로질러 알아크사 사원으로 들어간 뒤에 총을 들고 나와 문 밖에 서 있는 이스라엘 군인들에게 총격을 가한 것이다. 그리고 황금사원 앞마당으로 도망치다 이스라엘 군인들에 의해 사살되었다.

알아크사 사원은 이슬람의 창시자 무함마드가 하늘로

알아크사 사원

* 테러를 저지르기 위해 걸어가는 용의자들
* 이스라엘 경찰에게 총을 쏘는 테러리스트

승천했다고 믿는 이슬람교도들의 중요한 성지이다. 이스라엘군은 이슬람교도의 중요한 성지에 함부로 들어가서 조사할 수 없다.

테러리스트들은 이런 상황을 악용하여 사원 바로 밑에 비밀 공간을 만들었고 규모를 알 수 없는 무기를 숨기고 있었다. 겉으로 보기에는 이슬람 사원이지만, 안에는 엄청난 무기고가 숨겨져 있었다.

2015년 10월 4일 이스라엘 군인과 팔레스타인 아랍인들이 충돌했을 때, 그들은 알아크사 사원에 숨겨둔 파이프 폭탄과 쇠 피이프를 이스라엘 군인을 향해 던졌다. 이번에도 알아크사 사원 내부에 숨겨둔 무기로 이스라엘 군인들에게 총격을 가한 것이다. 이스라엘군은 어쩔 수 없이 황금사원으로 들어가는 이슬람교도 출입구에 금속 탐지기를 설치했는데, 황금사원 밖으로 무기가 반출되거나 반입되는 것을 사전에 막자는 취지였다.

그런데 금속 탐지기 설치를 반대하는 이슬람교도들의 시위가 일어났다. 대체 이들은 왜 금속 탐지기 설치를 반대하는 것일까?

예루살렘 통곡의 벽을 방문한 사람들은 잘 알 것이다. 통곡의 벽 광장으로 들어가기 위해서는 어떤 방향에서 오든 반드시 이스라엘 경찰의 금속 탐지기 검문을 받아야 한다. 그뿐만 아니라 가방이나 소지품도 검색을 받아야 한다. 이것은 외국인 관광객뿐만 아니라 통곡의 벽에서 기도하려는 유대인들도 예외는 아니다. 검문검색을 한 후에 통곡의 벽으로 들어가는 것은 누구에게나 불편하고 시간이 지체되는 일이다. 하지만 서로의 안전을 위해서는 불가피한 일이다. 금속 탐지기는 이슬람교도만을 통제하기 위한 수단이 결코 아니다.

황금사원으로 들어가기 위해 금속 탐지기 앞에 줄을 서서 기다리던 이슬람교도들은 당연히 이스라엘 군인들을 향해 불만을 표출하였고 그 불만은 폭동으로 이어졌다. 7월 20일 라이언 게이트 근처에서 이슬람교도들이 이스라엘 군인들을 향해 돌을 던지며 시위를 벌였다. 이스라엘 경찰이 섬광탄을 쏘며 시위대를 해산시키는 과정에서 40여 명이 다치는 불상사가 발생했다.

문제는 여기에서 그치지 않았다. 7월 21일 성전산 충돌에 불만을 품은 팔레스타인 청년이 유대인처럼 보이기 위해 하얀 셔츠와 머리에 키파를 쓰고 예루살렘 북부 할라미슈 정착촌에 있는 한 유대인 가정집에 들어갔다. 아랍 청년이 들어간 그 집에서는 손자의 생일을 축하하기 위해 할머니 할아버지가 이웃 주민을 초대해 음식을 준비하고 있었다. 생일잔치를 준비하던 할아버지는 청년을 크게 의심하지 않았다. 그 아랍 청년은 갑자기 주머니에서 칼을 꺼내 마구 휘둘러 70대 남성과 그의 자녀인 40대 여성, 30대 남성이 그 자리에서 사망했다. 그리고 그의 부인은 큰 부상을 입었다. 이렇듯 팔레스타인 테러리스트들은 경찰을 향해 총을 난사하고, 생일잔치를 준비하는 평범한 사람들을 향해 칼을 휘둘렀다.

그 이후로 이스라엘 경찰은 성전산 입구에 금속 탐지기를 설치하였고, 50세 이하의 이슬람교도는 성전산 출입을 차단하는 조처를 했다. 이에 반발한 팔레스타인 이슬람교도들이 폭동을 일으키고 성전산 통곡의 벽 유대인 구역에 돌을 던지는 폭력 시위로 번져갔다.

그런데 이 사건 이후 상황이 좀 이상하게 흘러갔다. 마흐무드 압바스 팔레스타인 자치정부 수반과 터키의 에르도안 대통령이 이스라엘의 금속 탐지기 설치를 맹비난하기 시작한 것이다.

압바스 수반은 이스라엘이 동예루살렘 성지에 설치한 금속 탐지기와 감시 카메라를 철수할 때까지 이스라엘과의 관계를 끊겠다고 밝혔다. 에르도안 대통령은 성지 접근을 제지당한 이슬람교도의 치욕을 이슬람 세계가 결코 모른 체하지 않을 것이라며 이스라엘을 비난했다.

마흐무드 압바스 팔레스타인 자치정부 수반과 에르도안 대통령은 이번 사건의 본질을 제대로 파악하지 못했다. 이스라엘에게 감시 카메라 철거를 요구하기 이전에 팔레스타인 청년들이 이스라엘 경찰을 향해 총격을 가한 사건을 먼저 비난했어야 했다. 마찬가지로 감시 카메라 철거를 요구하기 이전에 생일잔치를 준비하던 가정집에 들어가 칼을 휘두른 팔레스타인 아랍 청년을 비난했어야 했다.

그 옛날 솔로몬 성전과 스룹바벨 성전 그리고 헤롯 성전이 성전산에 있었다는 역사적인 사실을 부인만 하지 말고 인정하기를 바란다. 성전산은 요르단의 관리하에 있지만, 유대인들도 그곳을 방문하고 기도할 권리를 인정해 주기를 바란다.

현재 성전산에는 이스라엘 경찰이 설치해 놓은 감시 카메라가 있다. 이 카메라는 2015년 10월 24일 존 케리 미국 국무부 장관이 요르단을 방문했을 때 성전산의 긴장 완화를 위해 요르단의 압둘라 2세 국왕이 이스라엘에 제안해서 설치한 것이다. 그런데 팔레스타인 이슬람교도는 이제 와

예루살렘 골목의 CCTV 카메라

12. 예루살렘에 CCTV가 많은 이유

서 그 카메라를 철거하라는 것이다.

사건의 본질을 외면하고 팔레스타인 테러리스트들의 근본적인 문제를 지적하지 않으면서 오직 금속 탐지기 철거만을 요구하는 것이다. 결국 이스라엘 경찰은 금속 탐지기를 철거하는 쪽으로 방침을 바꾸었고 금속 탐지기는 철거되었다.

그런데 이번에는 감시 카메라 철거를 요구하고 있다. 그런데 이 감시 카메라가 없었다면 이번 사건의 본질을 알 수 없었을 것이다. 예루살렘 구시가지 안에는 수백 개의 감시 카메라가 설치되어 있다.

우리는 여기서 한 가지 사실을 알아야 한다. 이스라엘의 유력 일간지 〈이스라엘 투데이 Israel Today〉의 보도에 의하면, 2016년 한 해 동안 4백여 건에 달하는 큰 규모의 테러 시도가 있었지만, 이스라엘의 보안 당국에 의해 사전에 발각되어 저지되었다. 작은 규모까지 합치면 약 2천여 건의 테러 시도가 사전에 무산되었다고 한다.

사전에 발각된 사례들은 뉴스에 소개되지 않기 때문에 대부분의 사람은 알 수가 없다. 그렇다면 어떻게 테러 시도가 사전에 저지될 수 있었을까?

예루살렘에 설치된 감시 카메라 때문이다. 만약 예루살

* 왼쪽이 알아크사 사원 오른쪽이 황금사원
* 황금사원

렘에 감시 카메라가 설치되지 않았거나 또 작동되지 않았다면 누군가에 의해서 테러가 자행되었을 것이다. 그러면 그 누군가는 끔찍한 테러의 희생자가 되었을 것이다. 설치된 감시 카메라로 인해 끔찍한 테러가 사전에 저지될 수 있었다.

13

하마스와 파타, 그들은 누구인가?

팔레스타인 관련 뉴스가 나올 때마다 자주 등장하는 용어가 하마스(Hamas)와 파타(Fatah)이다. 이 조직들의 일원은 누구이며 또 두 조직은 어떤 차이가 있을까?

1947년 국제연합의 팔레스타인 땅 분할안에 따라서 아랍인 지역은 서안 지구와 가자 지구로 나뉘게 된다. 아랍인은 자기들만의 자치 조직이 필요했고, 1964년 카이로 아랍연맹 정상회담에서 팔레스타인 사람들을 대표하는 팔레스타인 해방기구가 만들어졌다.

팔레스타인 해방기구 안에는 여러 분파가 있다. 그중 한 분파가 바로 파타이다. 파타는 '지하드를 통한 정복'이라는 의미를 가진 아랍어이다. 정확한 설립연도는 알려지지 않았지만, 1969년 선거를 통해 야세르 아라파트가 팔레스타인 해방기구 의장이 되었다. 2004년 아라파트 사후 현재까지는 마흐무드 압바스가 최고 지도자 역할을 하면서 팔레스타인 해방기구와 팔레스타인 자치정부의 다수를 차지하는 최대 정파로 자리 잡고 있다.

반면 '이슬람 저항 운동'을 뜻하는 하마스는 1948년 제1차 중동 전쟁 이후에 가자 지역에서 세력을 형성한 이슬람교도 형제단으로부터 시작되었다. 이들은 설립 초기부터 자신들을 파타의 맞수라고 주장했다.

사실 파타와 하마스는 종교적·정치적으로 같은 뿌리에서 나왔다. 두 세력 모두 수니파 이슬람교도이며, 이스라엘의 존재를 인정하지 않는다. 하지만 서로의 행동 방식에는 동의하지 않고 비난과 견제를 넘어서 총구를 겨누기까지 한다. 이는 이스라엘을 제거하고 팔레스타인이라는 이슬람 국가를 세우고자 하는 방식의 차이에 그 이유가 있다.

파타는 팔레스타인 이슬람 국가를 세우기 위해서는 이스라엘의 존재를 인정하고 이스라엘 정부와의 대화를 주장하지만 하마스는 이스라엘 정부를 인정하지 않고 오직 무력으로만 대항할 것을 주장한다.

하마스 헌장 서문에 이렇게 기록하고 있다. "이슬람은 이스라엘을 없앨 것이며 유대인에 대항하는 우리의 투쟁은 매우 중대하고 심각하다. 우리의 적을 없애기 위해서는 엄청난 노력이 필요하다." 또 헌장 13조에는 "평화적 해법이라는 것은 이슬람 저항운동 원리에 어긋나는 것이다. 팔레스타인이 직면한 문제를 해결하기 위해서는 지하드 전쟁 외에는 방법이 없다."

하마스는 온건한 파타에 대해서 이렇게 이야기한다. "그동안 팔레스타인 해방기구를 대표한 파타는 팔레스타인의 자유를 되찾아주려는 그 방식이 너무나 온건하고 수동적이다. 파타만 믿고 있다가는 아무것도 할 수 없다. 팔레스타인의 자유를 위해서라면 국제 사회의 비난을 감수하고 더욱더 잔인하고 끔찍한 방법으로 이스라엘을 공격해야 한다."

결국 하마스는 이스라엘과 파타가 주도하는 팔레스타인 자치정부의 노력에도 불구하고 평화 협상을 저지하기 위한 자살 폭탄 테러를 여러 차례 저질렀다.

* 가자 지구의 팔레스타인 사람들
* 하마스가 일으킨 버스 폭탄 테러

　1996년 2월과 3월에 일어난 하마스의 버스 폭탄 테러로 60명의 이스라엘 사람이 숨지는 사건이 전 세계의 비난을 받았다. 이는 오슬로 평화협정을 반대했던 베냐민 네타냐후가 정권을 잡도록 힘을 실어주는 계기가 되었다.

　2차 인티파타 후 파타가 이끄는 팔레스타인 자치정부의 부패와 무능함에 염증을 느낀 아랍인들의 민심이 하마스로 옮겨가면서 그들의 영향력은 더욱 커졌다. 팔레스타인 아랍인들은 하마스의 자살 테러 공격을 순교로 여긴다. 이스라엘에 대한 자신들의 상실감을 갚아준다고 생각하는 것이다.

　하마스는 2006년부터 2016년까지 이스라엘에 10,412개의 로켓 공격을 감행했다. 이는 평균 947개의 로켓이 이스라엘로 매년 발사되고 있는 것이다.

미국과 이스라엘, 유럽은 하마스의 이런 행태를 강력히 규탄한다. 미국은 1997년부터 이들을 테러리스트 단체로 규정했다. 파타의 수장 마흐무드 압바스(Mahmoud Abbas)는 하마스의 공격이 오히려 역효과를 낸다고 생각한다. 이스라엘에 큰 피해를 주지도 못하면서 오히려 이스라엘 군대의 엄청난 보복 공격의 기회만 주기 때문이다. 파타와 하마스의 긴장 관계는 야세르 아라파트가 죽은 2004년부터 더욱 높아지기 시작했다.

2006년 1월 팔레스타인 자치정부의 총선에서 파타를 몰

*파타의 로고
*하마스의 로고

아내고 하마스가 여당이 되자 문제가 발생하기 시작했다. 국제 사회는 테러리스트 단체인 하마스가 이끄는 팔레스타인 자치정부에는 더 이상 경제 원조를 할 수 없었고 외교 중단을 선언하였다.

당시 국제사회는 팔레스타인 자치정부의 수장인 마흐무드 압바스에게 권력을 사용해 하마스 정부를 해산하고 선거를 다시 할 것을 요구했다. 만약 하마스가 이스라엘을 인정하고, 테러를 멈춘다면 원조를 이어갈 것을 약속했다. 하지만 하마스는 이 요구를 일언지하에 거절했다.

국제 사회는 팔레스타인에 대한 지원을 중단했고 본격적인 경제제재가 시작되었다. 결국 팔레스타인 자치정부는 이스라엘과 국제 사회의 심각한 반대에 부딪히자 하마스를 제거하고 파타로 대체하기로 결정한다.

하마스와 파타는 당연히 충돌했고 이들의 갈등은 2007년 6월 10일 무력 충돌로 이어졌다. 10여 일 동안의 대치에서 양측은 서로의 지도자를 높은 건물에서 던져 살해하고 치열한 총격전을 벌였다. 이 전투로 하마스는 이스라엘이 팔레스타인 자치정부에 이양한 가자 지구를 무력으로 점령하고 지금까지 통치하고 있다.

2007년 6월 15일, 마흐무드 압바스의 공식 선언으로 팔레스타인은 서안 지구를 기점으로 파타가 이끄는 팔레스타인 자치정부와 가자 지구에 기반을 둔 하마스 두 세력으로 나뉘게 되었다.

지금도 여전히 갈등 중인 두 세력은 거듭되는 실패에도 불구하고 이스라엘 제거와 이슬람이 다스리는 팔레스타인 국가 건설이라는 공동목표를 향해 연합정부를 구성하려는 노력은 지속해서 시도하고 있다.

위키피디아 리스트에 따르면 2005년 이후부터 총 열두 번 이상의 연합정부 구성을 위한 시도가 있었지만 모두 실패로 돌아갔다. 하지만 이스라엘과 미국은 하마스와 파타

마흐무드 압바스

가 연합을 시도하는 것 자체를 용인하지 않는 상황이다. 이스라엘 역시 공공연히 이스라엘의 몰살을 주장하는 테러리스트 단체인 하마스와의 협상을 당연히 거부하고 있다.

베냐민 네타냐후 총리는 파타가 이스라엘과 평화 협상을 진행하고 싶다면 하마스와 연합하려는 시도를 멈추어야 한다고 말했다. 이스라엘의 입장은 단호하다. 만약에 하마스가 파타와 연합정부를 구성한다면 이스라엘 방위군(Israel Defense Forces, IDF)이 애써 제거한 서안 지구에 하마스 세력이 다시 안착하게 될 것이고 이는 이스라엘에 절대적인 위협이 되기 때문이다.

겉으로는 팔레스타인이 연합정부를 이루고 이스라엘과 평화 협상을 맺으려고 노력하는 것처럼 보이는 동안 하마스는 가자 지구와 서안 지구에서 군대를 재정비하여 반드시 이스라엘을 공격할 것이기 때문이다.

이스라엘이 염려하는 것은 이뿐만 아니다. 만약 하마스가 생각을 바꿔 이스라엘을 인정하고, 폭력을 멈추고, 이스라엘과 팔레스타인 자치정부 사이에 체결된 조약을 인정하면 몇몇 유럽연합 국가들이 하마스를 정식 정부로 인정할 수 있다는 것이다. 팔레스타인 자치정부 사무총장인 사에브 에레카트는 2018년 6월 29일에 열린 국제연합 포럼에서 하마스는 테러리스트 단체가 아니라고 언급했다.

우리는 그동안 하마스가 이스라엘 민간인을 향해 로켓을 발사하고 일반 가정 집에 총을 난사했던 뉴스를 많이 보아왔다. 굳이 이스라엘 전문가나 중동 전문가가 아니더라도 하마스가 얼마나 흉악한 테러 집단인지 쉽게 알 수 있다.

국제연합 주재 이스라엘 대사는 이런 말을 했다. "이것은 무고한 이스라엘 주민들을 살해하는 테러리스트를 지원하는 사람들의 선동적인 발언이다. 하마스를 좋게 포장하려는 팔레스타인의 시도는 테러를 지원하는 팔레스타인 지도부의 본래 모습을 감출 수는 없을 것이다."

여기서 눈여겨봐야 할 부분이 또 있다. 팔레스타인 자치정부는 국제연합을 비롯한 국제기구와 각종 구호 단체로부터 천문학적 지원금을 받고 있다는 사실이다. 한 통계에 의하면 2006년부터 2010년까지 팔레스타인 자치정부로 흘러 들어간 각종 지원금은 한화로 약 8조 8천억 원이라고 한다. 팔레스타인 인구를 4백만 명이라고 추산했을 때 한 사람당 지원금은 약 2천 2백만 원 정도이다. 이 지원금은 팔레스타인 자치정부의 가장 큰 수입원이다.

팔레스타인 자치정부 지도부가 지원금을 팔레스타인 민간인들을 위해 사용하고 있는지는 의문이다. 팔레스타인 자치 지역을 방문해 본 사람들은 직접 목격해서 알 것이다. 그들은 극심한 가난에 시달리고 있다. 아무리 많은 지원금이 들어와도 그들을 위해 사용되지 않는 한 그들의 삶은 나아지지 않을 것이다.

그 돈들은 모두 어디로 갔을까? 2013년 〈파이낸셜 타임스〉의 발표에 따르면 유럽연합의 팔레스타인 지원금 중 상당액이 무위도식하는 공무원들의 임금으로 지급되고 있다고 발표했다. 그동안 세계 각국에서 지원한 대부분의 지원금이 본래의 취지와는 다르게 사용되고 있음을 지적한 것이다. 사실 팔레스타인 자치정부의 부정부패는 이미 수많은 국제 언론에서 지적했었다.

2004년에 사망한 팔레스타인 자치정부 수장인 야세르 아라파트는 어떨까? 팔레스타인 해방기구는 1979년부터 10년간 아랍 국가들로부터 연 2억 달러씩 받을 때 월 1,025만 달러가 그의 몫이었다고 한다.

1994년부터 2003년까지 팔레스타인 자치정부가 국제 사회로부터 65억 달러 이상을 지원받았지만, 그중 9억 달러가 팔레스타인 자치정부의 국고가 아닌 야세르 아라파트의 개인 계좌로 들어갔다고 2004년 IMF 보고서는 밝히고 있다.

사실 야세르 아라파트는 팔레스타인의 평화를 위해 헌신한 인물로 알려졌고, 1994년에는 그 공로를 인정받아 노벨 평화상까지 수상했다. 그리고 청렴결백한 인물로 알려졌지만, 정작 그의 재산이 어느 정도인지는 아무도 모른다. 2003년 미국의 경제지 〈포브스〉에 따르면 야세르 아라파트의 개인 자산은 최소 3억 달러(한화 3천 5백억 원) 이상이라고 밝혔다. 노벨 평화상을 수상한 파타당의 야세르 아라파트가 이 정도라면 하마스는 굳이 설명하지 않아도 될 것 같다. 우리나라를 비롯한 전 세계 국가들이 지원한 그 많은 지원금을 팔레스타인 자치정부 고위 관료들이 착복하고 있다.

또 한 가지 짚고 넘어가야 할 점은 지원금이 어렵게 살아가는 민간인들의 집을 고쳐 주고 상처를 치료하는데 사용되는 것이 아니라, 하마스는 그 지원금으로 무기를 구입하고 테러리스트를 양성하는 데 사용한다. 허물어진 집을 수리하라고 보내 준 시멘트와 철골이 이스라엘을 공격하기 위한 로켓과 지하터널을 만드는 데 사용하고 있다. 결국 하마스와 파타의 갈등은 전 세계로부터 들어오는 지원금을 파타가 차지하느냐, 하마스가 차지하느냐는 싸움이다.

파타와 하마스는 오늘도 헐벗고 굶주리는 불쌍한 팔레스타인 민간인들을 앵벌이 삼아 국제 사회로부터 각종 지원금을 받아 자기들의 주머니만 채우고 있다.

이스라엘은 팔레스타인의 검은 속내를 잘 알고 있다. 아무리 그들이 이스라엘과 공존하는 평화를 원하는 것 같아도 결국 그들의 목표는 이스라엘을 제거하고 그 땅에 팔레스타인 국가를 세우는 것이다.

반면 서구 열강에게는 이스라엘의 문제가 빨리 해결하고 싶은 가시 같은 존재다. 두 나라 사이의 문제를 하루속히 봉합하고 싶은 것이다. 팔레스타인은 바로 이 점을 노리고 있다. 하지만 팔레스타인의 진짜 모습을 알고 있는 이스라엘은 절대 그럴 수 없다.

우리는 파타와 하마스 중 하나를 선택해야 한다면 어느 조직을 택해야 할까? 한 이스라엘 언론인이 이 질문에 대답했다. "하마스와 파타 중 하나를 선택하는 것은 뱀과 전갈 중 하나를 선택하는 것과 같다." 하마스와 파타가 앞으로 어떤 행보를 보일지는 미지수이다. 우리는 두 세력의 움직임에 늘 주목해야 할 것이다.

14

가자 지구에서는 무슨 일이 벌어지는가?

2018년 한 해 동안 가자 지구에서 이스라엘을 향해 날아온 로켓은 약 1천 발 정도이고, 이스라엘의 가자 지구 공습은 300회가 넘는다. 그러다 보니 가자 지구 국경 근처에서는 이스라엘군과 가자 지구 시위대 간의 크고 작은 물리적 충돌이 자주 일어날 수밖에 없다.

대부분 가자 지구를 장악하고 있는 하마스와 그곳에 사는 팔레스타인 아랍인들이 하나가 되어 이스라엘을 향해 시위하는 것으로 보여질 것이다. 그러나 가자 지구 안에서

가자 지구의 하마스

일어나는 시위 중 결이 다른 시위가 벌어지고 있다. 팔레스타인 민간인들이 무장정파 하마스에 대항하는 시위이다.

왜 가자 지구 아랍인들은 하마스를 향해 시위하는 것일까? 그 이유는 하마스의 부정부패가 도를 넘어섰고 민간인들은 경제적 어려움으로 먹고 살기 힘들기 때문이다. 하마스는 시위대를 강압적이고 폭력적으로 진압한다. 그에 따른 피해도 날로 늘어나는 상황이다.

시위에 참여한 한 시위자는 "우리는 정치적인 뜻은 없다. 단지 인간답게 살고 싶을 뿐이다. 우리는 하마스에게 경제적 어려움과 세금 부담을 덜어달라고 요청할 뿐이다"

라고 말했다.

가자 지구를 장악한 이슬람 무장단체 하마스는 그들의 정책에 반대하는 민간인들을 강제로 체포하고 소요사태를 취재하려는 현지 언론을 폭력적으로 탄압하고 있다. 국제 인권단체 국제앰네스티(Amnesty International)의 보고에 의하면, 수백 명의 시위대가 구타와 고문을 당하고 임의로 체포되었다고 한다.

암마르 드와이크 가자 지구 인권독립위원회 대표는 하마스가 지나친 무력으로 25건의 시위를 해산시키고, 약 1,000명을 체포했으며 현재까지 300여 명의 사람들이 구금되어 있다고 말했다. 또한 그는 "이번 단속은 하마스가 2007년 가자 지구를 점령한 이후 최악의 진압"이라고 말했다. 하마스는 서안 지구에 본부를 둔 팔레스타인 자치정부가 이 시위를 뒤에서 조직적으로 선동한다고 주장한다.

사실 하마스에 대항하여 가자 지구 팔레스타인 주민들이 시위에 나선 것은 이번이 처음은 아니다. 2017년 한겨울에 전력 공급 삭감에 반대하는 시위를 한 적이 있다. 하마스가 폭력으로 시위를 진압하기 전까지 시위는 계속 이어졌다.

세계 각국의 민주주의와 자유·인권 상황 등을 평가해서 매년 발표하는 프리덤 하우스(Freedom House)의 〈언론 자유 조사보고서 Press Freedom Survey〉에 따르면, 팔레스타인 자치 지구 통치하의 서안 지구 민주주의 지수는 100등급 중에서 25등급이지만, 하마스 통제하에서는 11등급이다. 가자 지구 민주주의 수준은 거의 바닥이다.

2019년 세계은행(World Bank)의 보고서에 따르면, 가자 지구는 2018년 0.9퍼센트의 경제 성장률을 기록했지만, 인구 증가율이 약 3퍼센트인 점을 고려할 때 전체적인 성장률은 하락했고 실질소득은 크게 줄어들어 생활환경이 악화되었다고 발표했다.

가자 지구 국민총생산의 약 70~80퍼센트는 팔레스타인 자치 지구의 대규모 원조에 의존하고 있다. 이마저도 최근 들어 현저히 감소해 경제 상황은 그야말로 최악인 것이다. 같은 보고서에서 가자 지구의 실업률은 2017년에는 44.4퍼센트였지만, 2018년에 52퍼센트로 늘어났고, 특히 가자 지구 청년 실업률은 67.4퍼센트에 달하며 여성 실업률은 70.6퍼센트에 달한다고 했다.

가자 지구에 사는 아랍인의 절반 이상이 직업이 없거나 실업 상태이다. 주민들의 경제활동이 거의 없는 것이다. 25

년 전만 해도 제조업이 국내총생산의 16퍼센트를 차지했고, 농업은 11퍼센트를 차지했었다. 현재는 각각 8퍼센트와 5퍼센트 수준이다.

사정이 이렇다 보니 가자 지구에서 수돗물을 마신다는 것은 꿈도 꿀 수 없고, 전기는 하루에 3시간에서 6시간으로 제한 공급되고 있다. 대부분의 주민은 촛불에 의지해 살고 있다.

2019년 5월 19일 이스라엘의 일간지 〈Time of Israel〉은 2018년 한 해 동안 가자 지구에서는 3만 5천 명의 팔레스타인 사람들이 의식주의 문제가 해결되지 않는다는 이유로 이집트와 터키를 통해 가자 지구를 떠났다고 보도했다.

그들은 하마스 관리들에게 뇌물을 주고 떠날 수 있었다. 그들 중에는 150명의 의사가 포함된 것으로 알려졌다. 하마스 지도부는 부랴부랴 더 이상 의사들이 빠져나가는 것을 금지시켰다. 2019년 4월에는 가자 지구 팔레스타인 아랍인들을 태우고 터키로 향하던 배가 전복되어 수십 명이 사망하기도 했다.

최근 자금난에 처한 하마스는 빵, 콩, 담배 같은 필수품에 대한 세금을 인상했다. 가자 지구 주민들은 하마스가 부패했고 그들은 부를 축적하기 위해 무거운 세금을 부과한다고 주장한다.

요르단의 암만(AMAN) 연구소에 따르면, 팔레스타인 사람들이 느끼는 불행의 첫 번째 원인은 지도자들이 경제 문제를 해결할 수 없다는 것이다. 두 번째 원인은 지도자들의 부패이다. 세 번째 원인은 이스라엘의 점령이라고 한다. 가자 지구 주민들은 비극적 상황을 만든 지도자들을 비난하는 데 주저하지 않는다.

그렇다면 가자 지구의 하마스 지도부들은 어떻게 부정부패를 저지르는 것일까? 하마스가 부정부패로 돈을 버는 방법은 다음과 같다.

첫 번째 방법은 가자 지구에는 전 세계에서 들어오는 많은 기부금이 있다. 이슬람의 6대 의무사항 중 하나인 '자카트(Zakat)'라고 불리는 기부금이다. 원래 가자 지구로 들어가는 기부금은 시리아와 사우디아라비아에서 시작되었다. 이란은 나중에 보내기 시작했는데 지금은 하마스의 가장 큰 지지자 중 하나가 되었다.

그리고 전 세계에서 보내는 지원금이 있다. 2017년에는 사우디아라비아를 포함한 전 세계에서 7억 1천 8백만 달러가 지원되었고, 2018년에는 미국이 지원을 중단하면서 조금 줄어 6억 7천 6백만 달러가 지원되었다. 문제는 이 기부금이 가자 지구 팔레스타인 주민의 생활 지원금으로 사용되는 것이 아니라, 하마스 지도부의 개인 소유물로 들어간다는 것이다.

두 번째 방법은 가자 지구와 이집트 국경 사이에 판 수백 개의 땅굴을 이용해 이집트에서 많은 물자를 들여오고 있다. 담배와 채소를 비롯한 생활용품뿐만 아니라 KFC 프라이드치킨과 황소까지 땅굴을 통해 들여오고 있다.

이집트에서 750원 정도 하는 담배가 땅굴을 통해 가자 지구로 들어오면 2,900원이 되고, 한 정에 200달러 하는 AK 소총은 1,200달러로 가격이 크게 오른다. 프라이드치킨 한 마리는 한화로 4만 원 정도이다.

이스라엘 정부는 지난 한 해 동안 땅굴을 통해 폭발물 175톤과 총기 수만 정, 상당량의 수류탄과 로켓포가 들어온 것으로 파악했다. 그뿐만 아니라 자동차를 분해해서 들여오는데 차 한 대당 25퍼센트의 세금과 2천 달러의 운반료를 부과한다고 한다. 땅굴을 이용해 밀수하는 사람들에게 하마스는 매일 1만 달러를 부가가치세 명목으로 거두어들인다. 물론 이 돈은 모두 하마스 지도부로 들어간다.

세 번째 방법은 가자 지구 팔레스타인 주민들의 토지를 압수하는 것이다. 그들은 폭력과 총을 앞세워 주민들의 땅을 강제로 빼앗고 비싼 값에 되팔고 있다.

네 번째 방법은 시리아에는 가자 지구에서 사업체를 운영해서 돈을 벌어가는 시리아 펀드가 있다. 하마스 조직원들에게 일을 시키고 임금을 시리아 펀드에서 받는 것이다. 최근에 밝혀진 사실에 의하면 존재하지 않는 가상의 이름 수백 개를 노동자 명단에 포함해 시리아 펀드에서 급여를 받아왔고 그 돈은 모두 하마스 지도부 주머니로 들어갔다. 합법적으로 돈이 가자 지구로 들어가는 것 같지만, 15억 달러에서 25억 달러를 하마스 지도부가 가로채는 것이다.

이러한 방법으로 돈을 거둬들이는 하마스 지도부가 줄기차게 이야기해 온 것은 빨리 큰 돈을 벌어야 한다는 것이다. 그들에게는 정의도 도덕성도 부끄러움도 없다. 권력을 잡은 직후 그들은 연료와 통신 등 수익성 있는 모든 분야를 장악하고 돈을 벌어들이고 있다.

가자 지구 팔레스타인 주민들은 일자리가 없어 돈을 벌지 못하고 먹고 사는 문제와 인간답게 살 권리를 주장하며 거리로 뛰쳐나와 시위하는 것이다. 이에 하마스 지도자들은 아랑곳하지 않고 자신들의 배만 불리고 재산을 끌어모으고 있다.

15

가자 지구 민간인들은 왜 그토록 가난할까?

 가자 지구 하마스 지도자들의 재산이 얼마나 될까? 우선 하마스의 2인자인 무사 아부 마르주크(Musa Abu Marzook)는 90년대 초 미국에 있는 부유한 이슬람교도들을 상대로 모금 활동을 시작했는데 그 모금액이 모두 개인 재산이 되었다.
 1995년 미국 정부는 마르주크를 테러 지원 혐의로 체포했다. 2년 뒤인 1997년에 마르주크를 미국에서 추방했지만 이미 그에게는 수백만 달러의 재산이 있었다. 현재도 그는 하마스의 부유한 억만장자 중 한 명이다. 어느 아랍 소식통

* 무사 아부 마르주크
** 칼레드 마샤알
*** 이스마일 하니예

은 그의 재산을 20억에서 30억 달러(한화 3조 5천억 원)로 추산하고 있다.

하마스의 거물 지도자로 변신한 또 다른 인물은 칼레드 마샤알(Khaled Mashaal)이다. 세계 언론은 마샤알의 재산이 26억 달러 규모라고 추정하고 있지만, 아랍계 소식통은 그보다 더 많을 것으로 언급했다. 그는 이집트 은행과 페르시아만 은행에 투자된 20~50억 달러와 페르시아만 국가들의 몇몇 부동산 사업을 소유하고 있다.

그다음 거물은 이스마일 하니예(Ismail Haniyeh)로 현 하마스 수장이다. 그는 알사티 난민 캠프 출신이다. 그의 재산은 400만 달러(한화 약 45억 원)로 추산된다.

그는 자신의 사위 나빌의 이름으로 가자 지구에 있는 재산 대부분을 등록했고, 그의 아들딸 십여 명과 잘 알려지지 않은 하마스 지도자 몇 명의 이름으로 등록했다. 그들은 모두 가자 지구의 살기 좋은 지역에 집이 있다. 이 집들의 가치는 적어도 100만 달러라고 한다.

하마스의 또 다른 부유한 관료 이만 타하(Iman Taha)는 하마스 내에서 최고위급은 아니다. 그런 그도 다른 하급 관리자들과 마찬가지로 자신의 배를 채우고 있다. 엘라드에 의하면, 그는 알-보르 난민 캠프 출신의 가난한 반항아였지만 최근 가자 중심부에 최소 100만 달러 상당의 집을 지었다. 그는 해외 하마스와 가자 지구 내 하마스의 조율을 담당하고 있다. 비록 하마스 조직에서 주도적인 인물은 아니지만, 백만장자 중 한 명이 되었다.

미국 CBS 방송국은 팔레스타인 자치정부의 수반이었던 야세르 아라파트는 살아생전 개인 재산이 3억 달러로 세계의 왕족과 독재자 중에 6위이고, 2004년 사망하기 전에 10억 달러(한화 1조 2천억 원)에 가까운 돈을 몰래 비축해 두었다고 보도했다. 지금 그의 돈은 어디로 사라졌는지 누가 가로챘는지는 아무도 모른다.

가자 지구 대다수의 팔레스타인 주민은 지금도 극심한 가난과 기아에 허덕이고 있다. 반면에 하마스 지도부들은 럭셔리한 빌라와 궁전 같은 집, 5성급 호텔, 최신 모델의 벤츠와 BMW 자동차를 굴리며 살아가고 있다. 마치 할리우드 스타처럼 호화스러운 생활을 하고 있는 것이다.

한 팔레스타인 아랍인은 이렇게 말했다. "가자 지구에서 사는 것은 오직 몇몇 사람들에게만 좋은 것이다." 지금도 가자 지구 하마스 지도자들은 전 세계에서 들어오는 그 많은 지원금을 주민들을 위해 사용하지 않는다. 그 지원금을 가자 지구 주민들을 위해 사용했다면 지금처럼 경제가 파

탄 나지는 않았을 것이다

그 많은 돈을 일부 사람들이 착복하고 이스라엘을 공격하는 터널을 만들고 무기를 사들이는 데 사용하고 있다. 가자 지구는 한마디로 부정과 부패의 온상이며 주민들에게는 지옥이고 하마스 지도자들에게는 천국과 다름없다.

《성경》에 등장하는 블레셋 다섯 방백 도시는 아스글론, 아스돗, 가드, 에그론, 가사다. 여기서 언급한 가사가 현재의 가자 지구다. 블레셋은 외국인, 나그네, 이주자의 땅이라는 뜻으로 팔레스타인 지역 중에서 비교적 비옥한 서남해안 지역에 정착한 이방 민족이다. 블레셋은 이스라엘 민족과 오랜 세월 동안 불편한 관계를 맺어왔다.

사사 시대에는 그 유명한 삼손이 드릴라에 의해서 머리카락이 잘리고 가사에서 두 눈이 뽑히는 끔찍한 일을 겪었다. 그뿐만 아니라 사무엘상 4장~6장을 보면 블레셋이 언약궤를 탈취한다. 블레셋 족속은 세 개의 신을 숭배했다. 아스글론 사람들은 풍요와 다산의 여신 아스다롯, 에그론 사람들은 바알세붑, 가사와 아스돗 사람들은 상체는 사람이고 하체는 물고기 모양인 다곤신을 섬겼다. 한때 다곤신을 믿었던 그 지역이 지금은 거짓말로 탄생한 이슬람의 영에 사로잡혀 있다. 이슬람교도인 하마스 지도자들은 부정부패를 일삼아도 죄인 줄도 모르고 오히려 정당성을 주장한다.

필자는 언젠가 어느 대형교회에서 예배를 드리다가 그 교회 장로님의 대표 기도를 듣고 깜짝 놀란 적이 있다. 그분은 "하나님, 오늘도 극악무도한 이스라엘과 맞서 싸우고 있는 하마스를 보호해 주시옵소서" 이렇게 기도하는 것이었다.

아무리 뭘 몰라도 어떻게 이런 기도를 할 수 있을까? 그 장로는 국제사회가 하마스를 테러 집단으로 규정한다는 사실을 모르고 있다는 증거이다. 극단적 이슬람주의자인 하마스가 부정부패를 일삼고 주민들을 가난과 고통 속에 허덕이게 한다는 사실을 너무도 모르고 있다.

이런데도 불구하고 하마스가 이스라엘에게 일방적으로 공격당하는 불쌍한 자들이라고 생각하는 사람이 있을까? 모르는 것도 죄가 될 수 있다. 모르기 때문에 잘못된 기도를 하는 것이고 모르기 때문에 이스라엘을 비난하는 것이다. 그래서 우리는 진실을 알아야 한다.

하마스 지도자들은 전 세계에서 들어오는 지원금을 더는 착복하면 안 된다. 허물어진 가자 지구의 건물들을 다시 세우고 도로를 건설하며 주민들에게 수돗물과 전기를 공급해야 한다. 또한 의료 서비스와 교육 지원에 지원금을 사용해야 한다. 그렇지 않으면 하마스는 이스라엘과 싸우기 전에 스스로 자멸하고 붕괴할 수밖에 없다.

팔레스타인 주민들은 마실 물 때문에, 배를 채울 빵 때문에 인간답게 살게 해달라고 하마스에 대항하기 위해 거리로 나왔다. 그들도 처음에는 하마스가 자신들을 구해 줄 지도자라고 생각했을 것이다. 하마스만이 자신들을 안전하고 행복하게 살 수 있도록 도와줄 줄 알았다. 하지만 이제는 하마스가 어떤 존재인지 알았다. 그래서 거리로 나온 것이다.

참고문헌

- 6일 전쟁 / 제레미 보엔 / 플래닛 미디어 / 2010
- 6일 전쟁 50년의 점령 / 아론 브레크먼 / 니케북스 / 2016
- 모사드 / 미카엘 바르조하르 / 니심 미샬 / 말글빛냄 / 2013
- 약속의 땅 이스라엘 / 아리 샤비트 / 글항아리 / 2016
- 유대문화론 / 우치다 타츠루 / 아모르문디 / 2011
- 오늘의 중동을 말하다 / 서정민 / 중앙books / 2016
- 이슬람의 거룩한 전쟁 / 리차드 부커 / 스톤스프 / 2013
- 중동의 평화에 중동은 없다 / 노암 촘스키 / 북폴리오 / 2005
- 중동문제 진실은 무엇인가 / 랜달 프라이스 / 사랑의 메시지 / 2010
- 팔레스타인 현대사 / 일란 파페 / 후마니타스 / 2009
- 중동은 왜 싸우나 / 박정욱 / 지식프레임 / 2018
- 세계사 속 팔레스타인 문제 / 우스키 아키라 / 글항아리 / 2015
- 아랍인의 눈으로 본 십자군 전쟁 / 아민 말루프 / 아침이슬 / 2004

김종철 감독의 이스라엘 바로 알기 시리즈 1
이스라엘에 대한 오해

초판 발행   2021년 3월 10일
1판 2쇄   2024년 7월 1일

지은이   김종철

발행인   이금선
발행처   브래드북스
편집   신승의
디자인   김다은

출판등록   2011년 5월 13일 (신고번호 제2011-000085호)
주소   경기도 고양시 일산동구 백마로 502번길 116-18 브래드TV
전화   031-926-2722
홈페이지   www.bradtv.net
이메일   bradfilm123@gmail.com

ISBN   979-11-973024-0-4(03230)

이 책의 저작권은 저자에게 있으며 판권은 브래드북스에 있습니다.
이 책은 저작권법에 의하여 보호를 받는 저작물이므로 무단 전재와 무단 복제를 금합니다.